人際管理三部曲(1)
憤怒管理
Anger Management

學習如何適當發怒，
與因應他人發怒的技巧

アンガーマネジメント

戶田久實——著
伊之文——譯

晨星出版

作者序

你有沒有下列困擾呢？

「我深怕演變成職權騷擾，不敢責罵員工。」

「和價值觀不同的人溝通讓我很不耐煩！」

「該怎麼做，才能提升職場上的『心理安全感』？」

美國在一九七〇年代開發出「憤怒管理」，這是一種與憤怒共處的心理訓練課程，其目的並非禁止發怒，而是幫助人們不因憤怒而後悔。為此，我們必須區分有必要或不必要發怒的情況，學習如何適當地生氣，這就是「憤怒管理」。

日本於二〇一一年成立憤怒管理協會，截至目前約有一百多萬名學員，約兩千家企業引進「憤怒管理」課程。

今年是我擔任企業研習課程講師的第二十八年，包括演講在內，我總共向二十二萬人傳授了溝通祕訣。由於日本在二〇二〇年六月實施《職權騷擾防治法》，「憤怒管理」研習課程的需求暴增，許多來聽講的學員都表示此課程有助於杜絕職權騷擾，不僅有效提升個人和團隊的工作表現，也解決了職場上大部分的溝通難題。

學會處理怒氣將能改變人生。此外，傳授如何因應他人的怒氣也是本書特色之一。

無論你是高階經理人、三明治主管或職場新鮮人，若本書能解決各位遇到的溝通困境，將是我最開心的事。

二〇二〇年三月　戶田久實

《憤怒管理》目錄

第3章 了解憤怒的成因

第4章 如何實踐「憤怒管理」

第6章 指導與責罵的方式 171

第1章

現代人為何需要「憤怒管理」？

1 向不友善的職場說再見

無法說真話的職場正在增加

你的職場是否瀰漫著一觸即發的氣氛，或是有人經常莫名其妙發脾氣呢？工作團隊中是否有人很情緒化，令其他人總是小心翼翼地顧忌他呢？

這在日本雖然是司空見慣的情景，但這就是「不友善的職場」，具有下列幾種特徵。

首先，主管和下屬的關係是「由上而下管理法」，亦即主管單方面下令，下屬只能照做。此外，主管動輒當著其他員工的面飆罵下屬，使眾人都連帶感染到負面情緒，做起事來戰戰兢兢。

這種職場會讓員工害怕犯下失誤而成爲衆矢之的，進而失去挑戰新事物的意願。如此一來，會有愈來愈多人趨於保守，即使有意見也不敢提出，變得只會看主管的臉色並揣摩上意，甚至爲了自保而開始互扯後腿。

當工作團隊裡有人很情緒化地耍脾氣，其他人也會感染到他的負面情緒；當自己變成某人的出氣筒，那股悶在心裡的怒氣又會透過自己發洩在別人身上，形成惡性循環。這些都是不友善職場常見的特徵。

除了主管之外，不友善職場的成因有時源自下屬，例如凡事我行我素，不顧慮別人，不願互助合作，將自己的失誤全歸咎於別人。還有一種人是明明身爲團隊的一員，卻老是想要上演個人秀。這時，主管會害怕被當作職權騷擾而不敢開口制止，這種情況在現代經常發生。

假如你遇到類似的處境，我希望你務必要擺脫它。

職場上不可或缺的「心理安全感」

吉瓦奇（Piotr Feliks Grzywacz）在他的著作《Google如何打造世界最棒的團隊？》（平安文化出版）中提到：「『心理安全感』（psychological safety）是指所有團隊成員在職場上都能安心做自己。」

那麼，勞動環境要怎樣才能讓員工做自己呢？

答案是：讓員工能夠放心說眞話，自我認識、自我揭露與自我表現。

若職場缺乏「心理安全感」，團隊成員便無法信任彼此，即使目標、計畫和職責明確，員工也找不到工作的意義，難以提升工作表現。因此，「心理安全感」是職場環境不可或缺的要素。

Google公司自二〇一二年起，花費四年時間實施名為「亞里斯多德計畫」（Project Aristotle）的大型勞動改革，得到的結論是

「心理安全感」是提高產能並促使團隊獲得成功的必備條件，受到各界矚目。

那麼，在那些缺乏「心理安全感」的職場，究竟會出現什麼樣的問題呢？

舉例來說，當團隊領袖老是發脾氣，強迫員工接受他那「就應該如何」的觀念，或是在有人出錯時大發雷霆，這種職場就無法保有「心理安全感」，員工無法放心自我揭露，有話不敢直說。

尤其是在有人暴怒時，大家會一味看他的臉色，進而退縮、不敢發言或害怕失敗。「心理安全感」在這種環境下無法實現。

爲了提升工作表現，打造「心理安全感」，整個團隊都必須學習「憤怒管理」。

「憤怒管理」能改變不友善職場

在我主持的研習課程中，常有整個團隊都來學習「憤怒管理」。若是大型企業，從二十多歲新進員工到五十多歲主管都一起聽課，至於規模較小的企業則是連執行長也親身參與。

在研習課程中，他們會自我揭露：「我發覺自己有『男人就應該如何』的性別刻板印象。」也有人道歉並自我反省：「我不該對大家強推『○○就應該如何』的既定觀念。」

除此之外，還有一群學員做了日本憤怒管理協會所開發的「憤怒管理測驗」（這是一項能測出個人憤怒傾向與類型的工具），並互相出示測驗結果，例如「這是會讓我暴怒的地雷，對此很堅持」等，藉此和團隊成員磨合自己在工作上的價值觀。

團隊成員互相揭露自己重視什麼，以及自身價值觀的優先順序，例如：

「我認爲如此推動工作很重要。」

「我認爲那是其次，像現在這樣互相交換意見更重要。」

在這個場合，職位高低、年資、知識量與工作技能有無並不是重點，因爲每個人都擁有各自的價值觀。「對我而言，某件事就應該如何，但我認爲不重要的事物，對別人來說卻是不可或缺。」職場上必須具備能讓大家平心靜氣討論這些的自由度。

一個職場要能夠自由發言，溝通起來才會順暢，工作績效也跟著變好。

現代職場不僅要因應已經發生的問題，還必須全公司上下一心，主動投注心力多方嘗試，預防職場變成一個不友善的地方。

主管的態度對職場環境影響甚鉅

在專爲企業經理人或管理階級主辦的研習課程中，我總會告訴他們：「主管是否能做好情緒控管，將會大大影響職場環境。」

當掌權者無法控制怒氣，這種情緒將會傳染給下屬，對職場環境造成不良影響。

因此，面對職位更高的主管，我會更加強調「憤怒管理」技巧的重要性。拙作《生氣時，還可以從容表達的人才厲害》（中文版由方智出版）便是因此受到眾多經理人支持。

若要確實杜絕不友善職場，首先必須先由主管們學會掌控怒氣。年輕員工當然也必須學習，但掌權者的影響力十分強大，所以才會出現「職權騷擾」一詞。

雖然近幾年也曾聽聞下屬騷擾主管的個案，但還是管理階級影響職場環境的例子居多。

總而言之，在發生職權騷擾的不友善職場，員工的績效勢必無法提升。因此，我希望能先由領導階級來學習「憤怒管理」。

2 職權騷擾受法律規範

日本自二〇二〇年起實施《職權騷擾防治法》

二〇二〇年六月起，日本政府開始實施《職權騷擾防治法》。二〇一九年五月二十九日，促進女性職涯的法律修正案於參議院的本會議通過，防治職權騷擾的對策也在此同時寫入法規中。

根據報導，因應職權騷擾是企業的義務，大企業的實施期間爲二〇二〇年六月起，中小企業則是二〇二二年四月起。由於厚生勞動省實施這些法規，許多企業都開始跟進。

現況是，許多大型企業都積極採取因應對策，原因主要有三個：此政策已於二〇二〇年起實施，中央政府會介入輔導，以及爲了維持商譽等等。

厚生勞動省指出，職權騷擾可分爲以下六類。

①物理攻擊：打人或丟擲物品等暴力行爲。
②精神攻擊：以傷人的言行給予指導或打擊。
③人際排擠：例如孤立某人，在工作上故意不分享資訊，私底下也不邀請他出席聚餐等。
④要求過多：交付超出當事人負荷的工作量。
⑤要求過少：不給工作，或是只交付雞毛蒜皮的雜務。
⑥侵犯隱私：干涉個人的私生活，例如追問假日都在做什麼、爲什麼還不結婚等。

在這六種形式的職權騷擾中，尤以①物理攻擊以及②精神攻擊和「憤怒管理」特別有關。

在氣頭上行使暴力，以及在指導下屬時將其逼入絕境等行爲，都能透過學習「憤怒管理」來預防。

話說回來，「職權騷擾」的定義是「仗著自己占優勢，做出超出業務範圍的言行舉止，損害勞工就業環境」。

企業有義務根據此項定義，採取對策來因應職權騷擾。厚生勞動省將會要求不遵從的企業改善，甚至會公開未達標的企業名單。這就是《職權騷擾防治法》的規範。

因此，大企業特別加快速度，要求主管階層學習「憤怒管理」，以此作爲防範職權騷擾的對策。但是，對許多主管而言，指導與職權騷擾的界線是個頭痛的問題。

在過去，職權騷擾的防治並不普遍，如今擔任主管的人，在菜鳥時期所接受的指導不一定適當。在沒有對象可當作模範的情況下，光是要求別犯下職權騷擾，會讓他們感到無所適從。

「憤怒管理」可因應職權騷擾

許多企業都會問：「我們已經對職權騷擾有概念了，但具體上究竟該怎麼做？」

例如，有人表示：「我知道不可以做出職權騷擾，但還是會忍不住生氣。我想學習如何控制情緒，做好憤怒管理。」

此外，負責教育員工的主管中，也有人認爲錯在下屬，而非自己。

某些在現代屬於職權騷擾的舉止，在主管年輕時是一路如此學習過來，所以一時之間改不掉，但未來一定得改。

倘若主管認定自己的觀念才正確，他們就會鬱悶地心想，應該改正的人是下屬和菜鳥才對，還對身爲上司的自己居然得受規範感到不滿。

隨著時代變遷，價值觀愈來愈多樣化。若不時時刻刻審視自己的價值觀是否正確，就難以改善職權騷擾問題。

在指導別人「不可犯下職權騷擾」之前，請先檢視自己的價值觀。

我認為，在開始受法律規範的現在，正是讓許多人體認到「憤怒管理」重要性的大好機會。

3 價值觀的多樣化，使職場再也沒有「常識」

工作模式朝多樣化邁進

現在常聽到「勞動改革」、「多元」與「包容」等詞彙。

大家有沒有發現，即使年紀只差少少幾歲，價值觀就不一樣了？

因此，大家會更常遇到「自己的常識不等於別人的常識」的情況。

此。

舉例來說，直到前些年，育嬰假還是女性的專利，但如今已非如此。

人們從前認爲面對面開會是理所當然，但近幾年還能使用Zoom或Skype進行遠距會議。引進居家上班制度的企業有增加的趨勢，使得上班時段更有彈性。如上所述，和勞動有關的價值觀逐漸變得多元。

此外，相較於年長男性的價值觀是「男人就是要出人頭地」，有愈來愈多年輕朋友對升遷不感興趣，想充實日常生活，做喜歡的事。

終身雇用在上個世代是主流，至今依然有人強烈希望一輩子只待一家公司。在此同時，爲了拓展工作經驗而不斷跳槽的人也變得很常見，還有人只將第一間公司當作跳板。

爲年輕員工舉辦研習課程時，我經常感覺到，那些我認爲是一般常識的勞動型態，如今已經不算常識了。

由此可見，人們對工作的觀念就是如此多元。

主管對年輕員工跳槽該有的心態

一手栽培的下屬陸續出走，應該讓主管感到很不是滋味。那麼，管理階層該抱著什麼心態看待呢？

有些大企業原本就積極鼓勵員工獨立創業，在大量雇用的同時，也允許想自行創業的員工辭職。但在沒有這種風氣的企業，費心栽培的員工跳槽大概會讓主管大受打擊。

某位即將奔五的男主管好幾次有下屬前來找他商量：「我不打算一輩子待在這家公司，我有其他想做的事。」

遇到這種情況，這位主管總是尊重當事人的意願，積極協助下屬。

若有人不想跑業務，希望從事人力資源工作，這位主管便給下屬調職的機會；當有人想派駐海外，便給他一段期限去國外努力。

那位男主管表示：「援助下屬的人生，並發掘其才能，都是經理人的職責。」

他希望下屬未來自立門戶時，會慶幸過去有前東家的支持。至今仍然有許多以前的下屬會聯絡他，說：「感謝有您，我現在正待在夢想中的領域，獲得理想的工作機會。」

以長遠的眼光來看，栽培員工不只是身爲公司主管的責任，而是從個人角度出發來給予協助。這種觀念認爲，激發出員工的才能與可塑性，是經理人和上司的職責。

若主管站在下屬的立場，當上頭要自己留在這家公司，一定會覺得受到束縛。當下屬對主管不抱信任，就會失去幹勁，導致工作表現退步。

爲了避免這種情況，當下屬前來商量，各位主管請抱著「原來他

（她）敢自我揭露」的心情，試著接納。唯有下屬感受到主管願意協助自己，才會湧現動力，願意於在職期間全力奉獻和配合。

前面提到的那位男主管表示，他所做的一切，正是爲了得到這樣的結果。

下屬出走當然會讓主管感到失望，但最遺憾的依然是員工某天無預警辭職。

假如下屬願意提前坦白，主管心裡就能先有個底。

儘管主管有可能在下屬決心離職之前成功慰留，但在下屬決意要走之後就無力回天了。我希望各位主管能做好這個心理準備來管理員工。

會在管理上碰壁的兩類人

容易在管理員工時發生問題的主管類型很兩極，一是對員工做出職權騷擾卻毫無自覺，二是認眞過頭又想太多，深怕犯下職權騷擾。

這類主管往往會鑽牛角尖地想：「爲什麼非得要我一一提醒，員工才會懂呢？」

就我的所見所聞，有一位負責教育進公司五年內菜鳥的主管經常說：「現在的年輕人不一樣了啦！再過兩、三年，價值觀又會差更多。」多元化發展的速度就是這麼快。

還有這樣的例子：一位負責培訓新人的年輕主管吩咐「要提早在客戶抵達前整理好資料」，卻有人在客戶來公司拜訪的兩、三分鐘前才開始整理。對那名新人而言，「提前」的意思是兩、三分鐘前，讓主管體會到雙方認知差異之大，忍不住想罵：「我說的『提前』才不是那個意思！」

主管階級的「常識」已不適用的時代

現在的年輕員工中，有人宣稱自己要人稱讚才會進步，甚至還有人問：「我長達三個月每天早上準時上班，爲什麼沒受到讚賞？」主管嚇了一跳，追問之下才知道，員工還在學時，老師都會誇他：「你每天都來上學眞了不起！」當班上有學生關在家裡不上學，可能會影響學校給老師的考績，因此老師才特地感謝學生來上學。

在高中和大學接受高等教育時，學生可能會覺得自己有付學費就是大爺，但出社會之後，公司才是付錢的那一方，公司是員工爲了領薪水付出勞動力的地方。面對現在的年輕世代，似乎得從這些觀念的不同教起。

新人和下屬做出這類出乎意料的舉止，應該讓很多主管感到困惑，忍不住想對他們的怪異言行說：「這不是常識嗎？」但要是這麼說，下屬可能會對「常識」一詞很敏感，認爲主管硬要自己接受他的常識，或是覺得主管在貶低自己沒常識，所以我希望主管階級的讀者多忍讓。

「常識」和「理所當然」的陷阱

在我主持的某場新進員工研修課程上，曾有學員向我諮詢：「前輩一天到晚罵我：『你連這點常識都不懂嗎？』」讓他覺得自己被貼上沒常識的標籤，很不甘心。

在各位主管使用「常識」一詞之前，請先了解自己的常識可能不是對方的常識，盡量避免使用這個詞彙。

有些人會因此受傷，還有人會利用這一點來反擊，所以表達時最好不要用「常識」或「理所當然」來概括一切。

若有新進員工找你商量上述困擾，我希望你理解也有人有這種需求。

爲避免上司自身經驗與資歷所帶來的既定觀念綁住下屬，主管要告知「我說『這是理所當然』並不是在否定你」，如此方爲上策。與其讓雙方的既定觀念起衝突，不如讓新進員工了解「這是前輩長年以來的做法，很受他們重視」，以此爲溝通目標。

領袖肩負讓所有人擁有相同願景的職責

在如此多元的時代，領導階級該朝那個方向前進才好做事呢？從「心理安全感」的角度來看，即使價值觀和工作習慣不同也無妨。主管和員工必須體認到雙方的差異，討論今後該怎麼做。具有建設性的對話很重要，即使是面對那些你認爲很頑固、很奇怪的人，仍然要注意別做出發牢騷、抱怨、咒罵、批評等不具建設性的事，也別堅持己見。

雙方討論時，必須先說明「這是爲求大家擁有相同的願景和目標」。

我個人認為，只要每個成員都願意為了找出團隊的方向暢所欲言，多少起一些爭執也無妨，這比員工只能揣摩上意更有建設性。

4 憤怒是白費時間——關於提升產能與勞動改革

若要提升績效，情緒控管不可或缺

負面情緒會讓許多人失去專注力，變得無法冷靜判斷。明明該專心做事卻失去幹勁，或是在工作上出錯，進而影響工作成果。

此外，遇到無可奈何的狀況時，即使煩躁地怪東怪西也解決不了事情。換言之，這是在浪費時間，只會累積壓力。

若煩躁未演變成憤怒倒還無妨，但如何處理怒氣將會影響工作表現，非常重要。

此外，若將怒氣發洩在旁人身上，情緒總是不穩定，你和團隊成員之間的關係將會惡化，阻礙團隊合作、溝通及互相奉獻，進而使績效變差。

勞動改革是在受限的情況下試圖提升工作表現，負面情緒也會影響勞動改革的成效。當大家心裡都不愉快，就不會覺得這個職場容易做事。

總之，能否善加掌控情緒，和提高產能與勞動改革息息相關。

離職率驟減的工廠實例

某間食品工廠在學習「憤怒管理」後半年，離職率大幅降低。

從前，那間工廠爲了維護工安，經常有主管在作業現場大罵：

「你在搞什麼鬼？要更仔細確認！」

「機器很危險，千萬別靠近！」

由於一旦出錯就會引發重大意外，責罵時難免會比較大聲，有人罵得太兇，也有人一生氣就控制不住。

許多兼職員工受不了這種充滿怒氣的氛圍，因此辭職。在這種瀰漫著怒氣的職場，員工自然會減少對話頻率，只敢默默看情況做事，害怕挨罵而提心吊膽地工作，離職率居高不下。

即使該職場有這樣的問題，在主管階層參加「憤怒管理」研習課程後過了大約半年，員工間交談的頻率變高了，報告、聯絡與商量等也變得順暢許多。

這間工廠之所以做出改善，是因爲他們對員工做了問卷調查，收到「主管兇起來很可怕」的意見。人資部門從問卷結果和高離職率感受到危機，決定舉辦「憤怒管理」的研習課程。

我在那間工廠授課時，來聽講的是生產線的經理。在課堂上，我先爲他們如此整理現況：

「各位從前的責罵方式會令員工退縮、受傷或反彈，做起事來提心吊膽。如此一來，員工便無法發揮工作能力，不敢說出內心話，爲了躲避主管而不來商量或報告。」

接著，我再說明：「不得不責罵或提醒員工時，有更好的做法。」

我勸他們別在憤怒時對員工嘆氣、發出不屑的「呿」聲或飆罵，花兩天幫他們上了「憤怒管理」的課程。半年後，我再次造訪該工廠時，聽到有職員表示這個職場完全變得不一樣了。

不僅員工流動率變得很低，大家也會互相打招呼和對話，每個人臉上都掛著笑容。

此外還有其他實例，某家公司所有團隊成員在上完「憤怒管理」課程的隔天起，便能在有人說出「就應該如何」時和樂地指正他。

如上所述，我收到了許多正面迴響，即使職員只上了短期課程，職場氣氛還是因此改善。若職場和工作團隊能做好「憤怒管理」，便能改善不友善職場的溝通效率。

本章重點

☑ **何謂「心理安全感」與友善職場？**
- 員工得以自我了解、自我揭露與自我表現。

☑ **如何營造「心理安全感」？**
- 所有人一起學習「憤怒管理」。

☑ **掌權者應該做什麼？**
- 做好「憤怒管理」

→主管階級的態度會影響職場環境。

☑ **防治職權騷擾的方法：**
- 學習「職權騷擾」的正確知識
- 讓主管們學習「憤怒管理」

☑ **主管該做的事有：**
- 接納彼此的差異
- 討論今後的目標和做事方針
- 不做出缺乏建設性的發言
- 不強推自己的主張

☑ **當主管沒做到「憤怒管理」：**
- 將會散發負能量，使團隊成員間的關係惡化
- 員工無法同心協力做出貢獻與溝通。
- 降低團隊的工作績效

☑ **主管參加「憤怒管理」研習課程的成果：**
- 離職率降低
- 職場對話頻率增加，報告、聯絡與商量變得順暢
- 員工會互相打招呼和對話，面露笑容工作

第2章

怒氣何從何去？

1 怒氣的源頭是自己

「憤怒」這種情緒並非源自外在的人事物。

許多人在向我諮詢時經常提到：

「都是那個人害我心神不寧！」

「因為下屬一直出錯，我才會這麼生氣！」

「我爸媽老是說些無理的話，讓我覺得很煩！」

「客戶動不動就要求東要求西，每次都搞得我很火大！」

他們的困擾遍及職場到日常生活中的人際關係，還有很多人認為自己的怒氣是外界因素造成，主張：

「都是因為公司制度太爛，我才會這麼不爽！」

「我會這麼生氣，都要怪經濟不景氣！」

但是，從「憤怒管理」的角度來看，憤怒的情緒來自當事人自己。將怒氣歸咎於其他人事物，便無法做好憤怒管理。因爲當你怪罪別人或外在事物，就等於公開承認自己的情緒會被別人或外在事物掌控。但因爲情緒源自於自己的內心，我們才能好好處理它、管理它。

我將在第三章說明憤怒如何產生，在這一章，我希望各位讀者先了解「憤怒」的性質。

2 怒氣會感染旁人

人們經常說「感染到情緒」，除了憤怒之外，還有開心、快樂和悲傷等情緒。若身邊的人大方表現出開心和快樂，就會讓氣氛變得愉快，這樣的經驗各位應該都有。

同樣的道理，怒氣同樣會從不耐煩的人感染給身邊的人。是否曾有職場同事並未直接將怒氣發洩在你身上，但你仍然因此感到不悅呢？

假如有人對著螢幕發牢騷、唉聲嘆氣、不耐煩地發出嘖嘖聲或狂敲鍵盤，我們會忍不住開始在意對方怎麼了，接著連自己都變得心情不好。

偶然撞見有人被飆罵時，你會不會也感到難受，認爲飆罵的一方大可不必那樣罵人呢？

如同這些例子所示，憤怒具有會感染給別人的特性，光是處在同一個空間就會受到影響。而且，憤怒的能量比開心、快樂和悲傷等情緒更強，感染力更高。

請各位小心，別在不知不覺中讓別人感染到自己的怒氣。

3 憤怒的連鎖是由高至低

憤怒不會向上反彈，而是向下發洩

這裡的高低，指的是權力關係。

例如誰的位階較高、資歷較豐富、技能有無、是否具備相關知識等，大家應該輕易就能想像職場的上下關係。

憤怒具有會引發連鎖反應的特性，方向爲從上到下、由高至低，從掌權者到無權無勢者。

當位階高的人發飆，這股怒氣往往會發洩在他底下的人身上。被迫當出氣筒的人不太會回敬給上司，而是高機率會將矛頭轉向更底層的人。

各位讀者應該想像得到，憤怒的情緒會引發連鎖反應，從地位高的人依序傳給地位低的人。

這種情況不限於職場，也能套用在家庭上。

當伴侶的關係不對等，怒氣會從丈夫傳給妻子，抑或是妻子傳給丈夫，接著矛頭又對準子女。

若子女有兄弟姊妹，憤怒的情緒會由長子傳給老么。更糟糕的情況是進一步傳進校園，發洩在弱小的學生身上。

如上所述，怒氣的連鎖是從高權力和高地位流向底層。

下對上的職權騷擾

怒氣一般是從掌權的主管流向位階較低的下屬，但如今也有下屬權力較大的例子出現。

例如，當主管調動到一個新部門，本來就待在該部門的下屬不但已經有了人脈，還擁有相關知識和情資。

這時，下屬可能會對新來的主管如此職權騷擾：

「你連這點小事都不知道嗎？」

「我們的上一任主管才不像你這樣，每件事都要問！」

有些下屬會用這種方式彰顯自己在部門裡的權力比主管還大。因此，就憤怒的特性而言，這裡所說的由高至低並不是指實際的位階，而是雙方在該環境中誰的權力較大。

愈來愈多主管不敢告誡下屬

在這個時代，和下屬之間的關係不僅令主管備感壓力，最壞的情況甚至會罹患憂鬱症。

原因有兩個，一是前述那種下對上的職權騷擾，二是爲了避免職權騷擾，使主管在必須告誡或責罵下屬時不得不吞忍。

有些主管怕造成職權騷擾，擔心下屬反彈或不想惹人厭而不責罵，也有人連稍微提醒下屬都不敢。

然而，有些年輕人只要被唸了一句，就會用「你這是職權騷擾」來回敬。儘管不能一竿子打翻一條船，但有些新進員工裡已經出現這種怪物了。

雖然以上這些都是少數個案，但我希望大家了解憤怒具有由高至低發生連鎖反應的特性。

4 關係愈親近，怒氣就愈強

大家會不會覺得對某人說話可以不必客氣，抑或是剛好相反，不敢擺出強勢的態度呢？

其實，憤怒還有一個特性，亦即對關係愈親近的對象就愈強烈。這些人包括長年一起共事的職場同仁、家人、老朋友及伴侶。

之所以如此，是因爲親近生侮慢。你有沒有下列想法呢？

「都認識這麼久了，這點小事不用我說，對方應該要懂！」

「他應該會如我所想的去做。」

「就算我態度稍微兇一點，他也不會怎樣吧！」

雙方的交情愈好，對彼此的期望和依賴愈大，怒氣往往更強烈。我們面對不太熟的人多少會比較客套，所以不太會那麼生氣，但對熟人就很不客氣了。

要是沒察覺這一點，沒做好「憤怒管理」的話，可能會傷害到自己重視的人。

倘若一直處於這種狀態，怒氣就會發生連鎖反應，使周遭充滿負能量。若你握有權力，最好要注意這一點。

這個道理當然也適用於職場。

5 憤怒的矛頭並不固定

據說，憤怒這種情緒的矛頭隨時會指向任何人。

假設你在生A的氣，但無法直接發洩在他本人身上，所以就發洩在完全無關的人事物上。

發洩的對象和管道可能是家人、不認識的服務業員工，以及推特等社群服務。一位上班族曾向我坦承：「由於公司裡沒有發洩怒氣的對象，所以我就忍不住遷怒絕對不會反擊的服務人員。」

有人會口氣很兇地質問站務員電車為什麼不開，無情地罵接待人員動作太慢。企業的客服中心接到客訴，原以為投訴人有事要向公司陳情，卻發現內容只是在亂發脾氣，這種情況很常見。

如上所述，怒氣的矛頭原本是A，但最後卻連絲毫無關的人都掃到颱風尾。

怒氣的矛頭會轉向誰因人而異。

最可怕的是自己明明胡亂遷怒卻沒有自覺，希望各位好好回想是否曾犯下這樣的錯誤。

6　自己製造的怒氣也會傷害自己

對自己生氣是種自殘

前面說的是將怒氣發洩或傳染給別人，但有些人是對自己生氣，例如覺得失敗的自己很丟臉，自責地心想：

「爲什麼我總是這麼沒用！」

「我居然連這種事都沒能辦到！」

「我不管做什麼都半途而廢……」

有人用這樣的方式一直責怪自己，內心生了病。

這種情況很常發生在個性認眞的人身上。這類人總是把錯攬下來，還會想太多，怪自己爲何有話不敢說，爲何做不到。

此外，還有人因爲沒達到主管或父母的期望，將愧疚感深藏在心底。

嚴重時，這些人甚至會做出近乎自殘的行爲。

在向我諮詢的個案中，有一位三十多歲女性會在焦慮時下意識地拔頭髮。這也是一種自殘行爲，但當事人沒有自覺，也無法停手，導致頭皮禿了一塊。

有些人在症狀惡化時，無法靠自己停止自殘，不過該位女性獲得主管的體諒，去看了專科醫師，在幾個月後戒掉拔頭髮的習慣。

這位小姐留著長髮，本來都靠髮型遮掩光禿處，但沒了毛囊就再也長不出頭髮，光禿處會遺留一輩子。我希望大家能在症狀惡化之前學會控制怒氣。

喝酒和抽菸也是種自殘行為

有些人明知酒精對身體不好，仍然反覆借酒澆愁。明知喝這麼多酒會弄壞身體，卻自暴自棄地酗酒，這是在對自己洩憤，屬於一種傷害身心的自殘行爲。

當我問別人會如何轉換心情或紓壓，最常聽到的答案是喝酒和抽菸，但透過抽菸來排解情緒會上癮，還會愈抽愈兇，所以要小心。

喝酒、暴飲暴食和購物成癮也是如此，每次心情不好都這樣做，就是上癮的證據。

反覆靠大吃大喝來洩憤，將會在不知不覺中養成壞習慣，覺得還不夠滿足而愈吃愈多。這時只是單純爲吃而吃，而不是爲了品嘗食物的美味。

這樣子不僅無法排解壓力，症狀還愈來愈嚴重。

除此之外，爲了紓壓而賭博、上網、打電動遊戲都會愈來愈上癮，要小心別長期仰賴這些方法，否則有礙健康。

小心沒有自覺的自我攻擊

有些人將怒氣的矛頭對準自己，做出折磨自己身心的事，卻遲遲沒有察覺。

我在某家企業主講「憤怒管理」的研習課程時，一位四十多歲女主管問我：「我能想像對別人口出惡言、暴力相向，或是摔東西洩憤，但不懂什麼是對自己生氣。」

這樣的她，就是個會折磨自己身體的人。

我們共進午餐時，她老是在抱怨職場制度老舊，上司提出一堆蠻橫的要求；她看到下屬拼命工作，對他們深感歉疚，每天都感到憤怒。據說，她那幾個月每天都吃止痛藥來對付頭痛，明知道連續服用強效藥物對身體不好，卻無法不吃。

我說：「妳這麼做就是在自我攻擊。」她便瞬間醒悟。對公司和上司食古不化義憤填膺，氣自己身為主管卻無法幫助下屬，認為自己很可悲又愧對下屬，進而演變成憤怒。這些情緒累積起來之後便引發頭痛反應，使她不停服用藥物傷害身體。

儘管本人沒有自覺，但這是不可忽視的自虐行為。愈來愈多人像這樣在無意識中傷害自己。

請你回想一下，自己或身旁的人有沒有這樣的情況呢？

要紓解壓力

為了不被憤怒牽著鼻子走，我們必須以健康的形式紓解壓力。我最推薦的方法是運動，尤其有氧運動最好。

拳擊這類運動過於激烈，會促進腎上腺素分泌，很可能造成反效果。因此，伸展操、瑜伽、快走、慢跑和游泳比較適合。有氧運動會促使人體分泌血清素，這是一種帶來好心情的激素，有助穩定情緒。

若心情暴躁的原因是睡眠不足，就要設法取得足夠的睡眠。我建議大家做些讓心情放鬆和保持愉快的活動。

女性朋友們不妨在疲累時去按摩或美容沙龍。假如不方便踏上溫泉之旅，也可以在自家浴缸使用芳香入浴劑泡澡，藉此放鬆。

此外，還可以找時間聆聽喜歡的音樂，或是閱讀喜愛的書籍。喜歡開車的人不妨開車出門，順便兜風來轉換心情。

我建議大家製作屬於自己的「喜好清單」。

很多人因爲生活忙碌，無暇好好抒發壓力，但定時抒發才能提高工作表現和幸福度。

因此，我希望各位從平時就準備好各式各樣的「清單」，列出三十分鐘、兩小時或一整天時間能做的事。

我自己會去打高爾夫球或是泡溫泉。假如已經知道某段期間很可能會忙到心浮氣躁，不妨刻意在那時安排假期。「喜好清單」不容易在一時之間立刻想到，所以大家最好平時就事先準備許多健康的紓壓方法。

擁有安心、安全的避風港

我在第一章提及「心理安全感」，對我們而言，擁有安心的避風港十分重要。

若有個避風港讓我們能夠做自己，還有願意接納自己的人在，這將會是心靈支柱和原動力，使內心更加游刃有餘。

即使壓力大或感到焦慮，只要擁有避風港，就能獲得救贖。

應該有很多人除了公司之外，還隸屬於某個共同體（人際圈），例如家庭、好友圈、同好會、學習會或社區自治團體等。請回想看看，在那當中，有沒有某個共同體讓你有歸屬感呢？

即使現在還沒有能讓你感到安心的人際圈，你也可以試著尋找，它將能令你的心靈比想像中更安定。

7 運用憤怒所帶來的建設性

內心湧現怒氣不一定只有壞處。

由於憤怒的能量比其他情緒更強大，因此能用來督促自己主動出擊。

眞正的「憤怒管理」高手不會白白生氣，有辦法將怒氣轉換爲具有建設性的行動。

例如，當我們沒達到工作業績，不僅被上司教訓，還爲了自身的無能感到心焦時，絕對不可以自責，也不可以怪上司拉高業績門檻。

這時候最好發憤圖強，想一想該怎麼做才能拿出成果給他們看。

若能如此轉念，就能將怒氣化爲讓今後更好的動力。

在求學時期被人瞧不起而下定決心奮發向上，或是考不好被師長責罵而不甘心，因而在下次考試中拿到高分——每個人都可能有過類似的經驗。

中村修二先生發明了藍色發光二極體而榮獲諾貝爾物理學獎，他在訪談中提到，憤怒是他的原動力，這句話令我印象深刻。

如上所述，怒氣能用來當作採取行動和做出成果的動力，不能一概當成壞事。

眞正擅長管理憤怒情緒的人，就是有辦法化憤怒爲力量，採取具有建設性的行動。

我希望大家了解憤怒的特性，和它好好相處。

本章重點

☑ **「憤怒管理」對憤怒的定義，是：**
- 一種自己製造的情緒
- 能夠靠自己掌控

☑ **何謂「情緒感染」：**
- 情緒會感染旁人。

☑ **怒氣傳遞的方向：**
- 由掌權者向下傳遞給底層

☑ **會做出「職權騷擾」的人：**
- 不一定只有主管才會騷擾下屬
- 騷擾者是該環境下權勢較大的人。

☑ **憤怒的矛頭：**
- 在和親近對象相處時更強
- 人們往往會親近生侮慢

☑ **發洩怒氣的對象：**
- 不固定
- 可能會遷怒無關的人

☑ **對自己生氣：**
- 屬於一種自殘行為
- 因自暴自棄而酗酒、大吃大喝、購物成癮也是自殘

☑ **如何不被怒氣操縱：**
- 擁有得以做自己的避風港
- 擁有職場以外的人際圈

☑ **生氣不只有壞處**
- 能夠轉換為採取建設性行動的動力

第3章

了解憤怒的成因

1 憤怒是人類必備的情緒

將憤怒視為一種情緒的展現

對人類而言，憤怒是一種自然產生的情緒。

它和喜悅、快樂及悲傷一樣重要，也是一種情感的呈現。

但是，如同先前所述，由於怒氣的能量比其他情緒更強大，所以必須小心管理與表達。

有些人認爲生氣是壞事，很不像話，但問題並不在於憤怒本身，如何掌控和表達才是重點。

爲了善加控管怒氣，讓我們先來了解憤怒的成因。

憤怒是守護身心安全的必要情緒

怒氣是爲了保護自己而存在，是一種防禦手段。

人有個本能，會在身心安全受到威脅時帶著怒氣因應危機。

假設你人在車站的月台上，正要下樓梯時被人從後方衝撞，差點因此摔下樓梯，這時候你應該會覺得很危險而感到氣憤吧？此外，當別人說話傷了你的自尊心，你是否曾經因此情緒失控呢？

除了保護自己的身心安全之外，我們也會爲了保護自己的權利和珍視的對象而發怒。因此，有人會在盛怒之下說出攻擊別人的話。

2　是「核心信念」催生了怒氣

怒氣是自己製造的情緒。

人之所以生氣，和個人的「核心信念」（Core Belief）有關。「核心信念」可以代換爲不可動搖的價值觀、信條或信仰。

假如要以其他詞彙來表達，最簡單明瞭的是「應該」。例如「這時應該這樣做」或「應該要如何」。當有人違反自己心目中的「應該」（亦即核心信念），怒氣便會油然而生（參見圖表3－1）。

「核心信念」的範圍很廣，以職場上的人際關係爲例，就是「身爲上司（或下屬）就應該要如何」。

在工作這方面，例子有「公司應該要如何」、「應該要守時、守規矩」、「既然是男人（女人），就應該要這樣」等等。

在日常生活的各種領域中都有「應該」的蹤影，而它就是憤怒的起因。

3　要先了解「應該」的三大要點

「應該」不分對錯

我在上一節提到，若有人違反自己心目中的「應該」，就會湧現

圖表 3-1 違反「核心信念」會使怒氣油然而生

應該遵守會議時間

應該在報告時先說結論

應該在二十四小時內回覆郵件

出處：日本憤怒管理協會

怒氣。在這裡，我將更進一步詳細解說「核心信念」。

關於「應該」，有三個要點希望大家先了解。

第一，「應該」沒有對錯之分。

每個人都有各自的核心信念，沒有人是絕對正確或錯誤。在別人沒做到你心中的「應該」時，若你會使用「一般來說」、「理所當然」、「常識」、「稀鬆平常」和「對」等詞彙，就要小心了。

例如：

「一般來說都會這樣做吧？」
「這樣做是理所當然。」
「這可是常識喔！」
「這很稀鬆平常啊！」
「就是要這樣才對！」

假如你察覺自己會使用這些詞彙，並說出情緒化的發言，請將此視爲一種警訊。

現在是多元價値觀的時代。

「多元」和「包容」兩詞開始在各個圈子普及，愈來愈多企業在口號中列出這兩個詞彙。「多元」是指價值觀的多樣化，「包容」則是接納，意指在多元發展的潮流中，與價值觀不同的人共處並活用。

自己的常識不代表別人的常識。你覺得稀鬆平常的事物，對別人來說不見得如此。

每個人擁有各自的核心信念是好事，「應該」也沒有正確或不正確之分。

「程度」見仁見智

第二個要點是，每個人認定的「程度」都不一樣。

我們經常用模稜兩可的詞彙來描述自己心中的「應該」，例如：

「你應該妥善報告！」

「你應該更按部就班！」

「大家應該更主動做事！」

「做事時應該站在對方的立場思考！」

「公司對客戶要更有誠意！」

有些人經常做出這樣的發言，但所謂的「應該妥善報告」究竟要做到什麼程度呢？

此外，「做事時應該站在對方的立場思考」又是以什麼爲標準呢？絕大部分情況下，每個人的解讀都不一樣。

所以，你和對方對「妥善」的解讀會出現落差，雙方因此引發爭執的情況也不少見。

「應該」會隨著時代和環境改變

第三個要點是，「應該」會隨著時代和環境改變。

「勞動改革」一詞在現代很常聽到，而和工作有關的價值觀也隨著時代改變。

舉個例子，當我還是職場新鮮人時，大家都說：

「業績就應該用雙腳跑出來！」

「下屬不應該比上司更早下班！」

「育嬰假應該是女員工要請。」

「客戶來訪時，應該由女員工接待！」

當年大家都將這些視爲理所當然，但這些觀念到了近幾年已經過時了。

對不同世代而言，許多常識也不一樣。

舉例來說，上司認爲當辦公室裡的電話響起時，由新進員工負責接電話是常識，但是對不常使用室內電話的世代來說，主動應對來電並不是常識。

當簡報人秀出投影片，要求聽衆做筆記時，有些人不是用紙筆記錄，而是以平板電腦或手機拍照。

如上所述，當年齡層和時代不同，所謂的「應該」也跟著改變。

再舉個例子：當企業中途錄用正職員工，或是兩家公司合併時，往往會因爲工作經驗不同而起摩擦。

【企業合併的例子】

當日本企業與外商公司合併時，會爲了是否在董事會上斡旋而發生爭執。

外商公司認爲，既然要在會議上向董事提案，就不應該私下斡旋。然而，對有歷史的日本企業而言，在正式提案之前，先知會每一位董事是常識，雙方爲了外商公司職員沒有做到這一點而爭論起來。這是由於企業文化不同，容易發生常識落差的例子。

【中途録取正職員工的例子】

在某家員工都是中途錄取的企業，大家爲了一些雞毛蒜皮的事衝撞彼此的價值觀，無法順利取得共識。

「在我前東家，這種工作都是這樣處理的！」

「一般來說，應該要在期限快到之前安排檢查時間才對！」

「只要在最後一刻趕上不就好了？」

這不是誰對誰錯的問題，當每個人從前都在風氣不同的環境下工作，無論如何都會發生價值觀的落差。

你可以有自己的價值觀，但要了解自己心中的「應該」不一定是正確答案；即使別人口中的「應該」和你一樣，但程度可能不盡相同；而且，「應該」將會隨著時代、環境和年齡層而變化。

若多數人都不了解這三個要點，就會被不必要的怒氣玩弄於股掌之間，甚至衍生出衝突，希望大家能銘記在心。

4 怒氣萌生的三個階段

如前所述，怒氣是在自己的核心信念（亦即「應該」）被打破時產生的。在此，請容我歸納出怒氣產生的三個階段，以箭頭示意如下（參見圖表3－2）。

遇到事情時，我們會根據自己的核心信念，替它賦予某種意義。對同一個意義，有些人會憤怒，有些人則否。此外，即使同樣都感到憤怒，也有程度之分。

來看看下面這個職場菜鳥打招呼的例子。

假設某個菜鳥員工在打招呼時沒有看向前輩，而是一邊操作電腦，一邊低聲問好。若前輩的核心信念是「菜鳥應該停下手邊的工作，和我這個前輩目光交會，用我聽得見的音量大聲打招呼」，肯定會火冒三丈，認爲菜鳥很沒禮貌。

圖表 3-2 怒氣萌生的三個階段

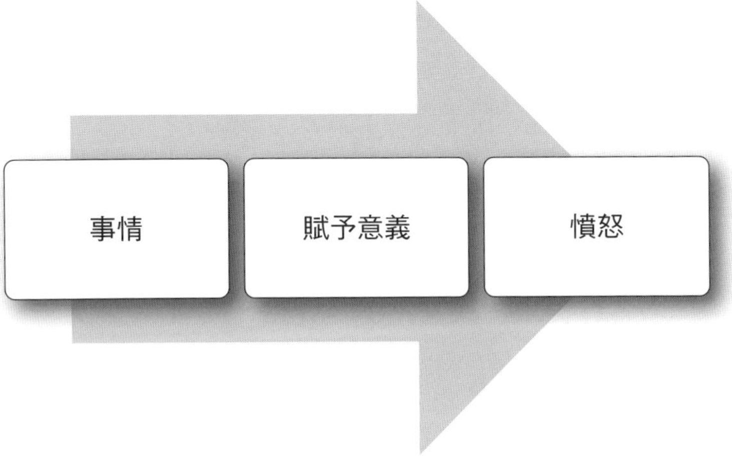

出處：日本憤怒管理協會

相較之下，若前輩認爲一大早通常要忙著收信、看信，能夠接受菜鳥只出聲打招呼的話，就不會產生一絲怒氣。

儘管只是小事，但每個人各自的核心信念會讓他們在遇到同一件事情時有不同的解讀和感受。有些人會生氣，有些人則否，憤怒的程度不同。

我在第二章提過，人之所以生氣，並不是因爲別人或外在事物所造成，而是端看自己的核心信念對那件事賦予什麼意義，會不會生氣則是看個人。

在「憤怒管理」這方面，和自己的核心信念好好相處十分重要。在第四章，我將會解說如何面對自己的核心信念（亦即「應該」）。

5 憤怒背後隱藏著好幾種情緒

憤怒背後隱藏著不安、擔憂、悲傷與空虛

據說，憤怒屬於「次級情緒」（Secondary Emotion），意思是憤怒背後潛藏著一般的負面情緒。

不安、憂慮、困惑、失落、悲傷、空虛……這些負面情緒，稱爲「原生情緒」（Primary Emotion）。

圖表 3-3　憤怒冰山下隱藏的情緒

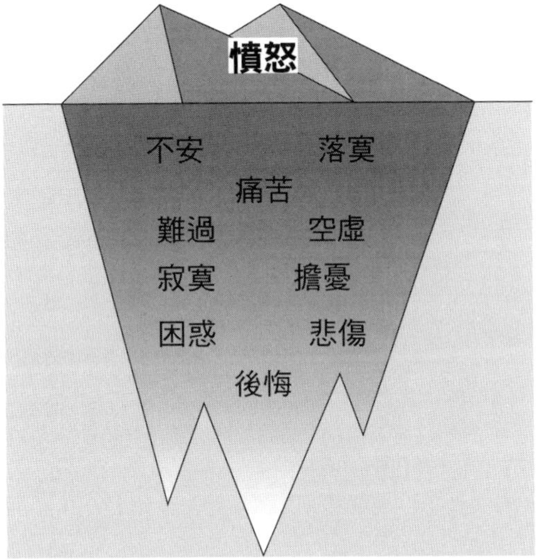

出處：日本憤怒管理協會

在「憤怒」這種「次級情緒」背後，隱藏著前述的「原生情緒」。以冰山為例會比較容易想像（參見圖表3－3），露出水面的只是冰山一角。同樣地，憤怒這種「次級情緒」底下，也隱藏著許多「原生情緒」。

請想像下列情景：上司已經提醒了好幾次，下屬仍然反覆犯下相同的失誤，而上司在這時大罵：

「你怎麼會一再重蹈覆轍！要說幾次你才會懂？」

請大家想一想，上司的憤怒背後隱藏著什麼樣的「原生情緒」？

每個人的「原生情緒」應該都不一樣，可能的例子有：

「下屬好幾次犯下相同失誤，讓我很困惑。」

「我誠心誠意地教導他，但那些努力彷彿都是白費，我很難過。」

或者，還有人會覺得：

「很擔心往後是否能將重責大任交付給這名下屬。」

上司最好坦誠地表現出悲傷、不甘心或落寞等「原生情緒」，但由於憤怒帶有較強大的能量，所以往往會忍不住採取「你在搞什麼鬼」、「你鬧夠了沒有」等憤怒的態度。

如此一來，下屬會萎靡或反彈，而上司真正希望他了解的訊息則是傳不出去。

那麼，假如上司老實表現出「原生情緒」會如何呢？

「你多次重蹈覆轍，我會很擔心以後能不能交付重大職務給你。」

「你多次重蹈覆轍讓我很困擾，不知道往後要怎麼指導你。」

你不覺得，下屬若聽到這些話會自我反省，更容易聽進上司的吩咐嗎？

在面談時情緒激動的實例

以下是一位三十多歲男性的實例。他和部長及五十多歲上司面對面討論過去半年的考績時，忍不住情緒激動。

他半年來一心一意地努力，以為能獲得高度好評，但部長卻給他打了很低的分數。這讓他氣得腦袋一片空白，不由得頂撞上司，大罵：「為什麼給我這種考績！」

有點性急的上司也生氣地回答：「你對我打的分數有意見嗎？」這位男性又反駁說：「我這半年來可是盡心盡力耶！」導致那場面談的氣氛變得非常劍拔弩張。

這位男性來向我諮詢時，我問他當時產生了什麼樣的原生情緒，他回答：

「我一直相信上司會好好替我打考績，沒想到他居然給我這麼低的評價，我很難過，不知道今後如何是好。待在這種會給人低分的上司底下，真不知道往後要怎麼做事才好。」

在了解「憤怒管理」的概念之後，這位男性回顧當時，說：

「早知如此，我真希望能說出：『我這麼努力，卻得到這種考績真的很困惑』、『我的全心付出得到這麼低的評價，讓我很難過』。」

傳達「我希望」和「我感覺」這2點

到這裡爲止，我提到憤怒會在自己的核心信念（亦即「就應該如此」）被打破時產生。

我的建議是，當大家感到憤怒時，與其用「就應該如此」來表達，不如說出「我希望你這樣做」（訴求）和「這讓我感覺如何」。

舉前述那個和上司面談的例子來說，只要採用下列說法，就能在不令對方不愉快的情況下傳達自己的感受。

「這半年來，我盡全力拿出成果，所以我希望你給我和那些成果相當的高度評價。能不能告訴我，爲什麼給我這麼低的評價？老實說，我感到非常困惑。」

當下屬反覆犯錯，上司不妨對他說：

「雖然只是小失誤，但你出錯這麼多次，會讓下一個接手的人延誤工作。」

「要交給客戶的資料，只要有個小錯誤就會失去對方的信任，所以我希望你往後要多加檢查再提出，以免再出現同樣的錯誤。當你失誤太多次，我下次會不敢把重大任務交給你。」

了解憤怒的機制之後，就知道憤怒時要如何向對方表達。相反地，假如有人對你發怒，你將會知道對方的「原生情緒」是什麼，如此便不會被自己和對方的怒氣耍著玩。

領袖必備的傾聽能力和同理心

本書的目標讀者群，應該正值下屬或旁人會來找自己抱怨或商量事情的年紀吧？

「您聽我說，和我同組的那傢伙根本不做事，把事情都丟給我！」

「客戶提出一堆不合理的要求，我被迫和他講了一個小時的電話，實在很頭痛！」

聽到這些話，你會怎麼回應呢？

若了解他們憤怒背後的情緒，你應該會說：

「那還真是令人困擾呢！」

「眞是辛苦你了！」

你會像這樣，能夠用同理的話語來回應對方的「原生情緒」。當對方聽了這句有同理心的話，就會覺得你懂得他的心情而放心。

不能給建議或安慰？

面對來抱怨的人，有時候雖然必須給建議，但有一點要注意。

若還沒等對方說完就劈頭給建議，會讓對方覺得你不懂他的心情。

實際上，許多女性下屬都希望上司能了解自己的心情。

在這種情況下，最糟糕的回應方式是「所以這又怎麼樣」和「問題應該出在你身上吧」。我想，應該有很多人都明白不應該以上述這兩種方式回應，但意外的是大家往往會用「別氣了」來打圓場。

我希望大家不要對正在生氣的人說「別氣了」，因爲這樣可能會打壞雙方的信賴關係，讓對方覺得：

「你完全不關心我！」

「我怎麼樣你都無所謂！」

人的心在氣憤時會變得很敏感。

遇到這種狀況時，我希望主管階層順著對方的「原生情緒」，姑且先傾聽再說。

本章重點

☑ **憤怒是：**
- 一種情緒的展現
- 保護自己的防禦情緒

☑ **怒氣的來源是：**
- 自己
- 怒氣會在「核心信念」（「就應該如何」）被打破時萌生

☑ **核心信念：**
- 沒有對錯之分
- 每個人程度不同
- 會隨時代和環境改變
- 會隨著職場環境的變化而改變

☑ **憤怒是「次級情緒」**
- 憤怒的背後潛藏著「原生情緒」
- 「原生情緒」是指不安、憂慮、困惑、失落、悲傷與空虛等情緒

☑ **要表達憤怒時：**
- 老實說出「原生情緒」

☑ **別人對自己表現出怒氣時：**
- 順著對方的「原生情緒」，拿出傾聽的態度
- 能同理對方的「原生情緒」

第4章

如何實踐「憤怒管理」

1 「憤怒管理」的機制與分類

因應方法與改善體質的技巧

「憤怒管理」是一種教人與怒氣共處的心理訓練課程。

從這一章起，我將解說能夠有效學習「憤怒管理」的訓練方法，每天持續練習就能確實學會。

「憤怒管理」的訓練方法有「因應方法」和「改善體質」兩個類別（參見圖表4－1）。

「因應方法」是不讓自己一時氣不過而衝動行事的技巧，不放任怒氣爆發而破口大罵或行使暴力。

另一個「改善體質」旨在長期執行，打造不容易生氣的體質。

「憤怒管理」可以從這兩種做法著手。

圖表 4-1 憤怒管理的訓練方法

因應方法	改善體質
● 目的是防止一時氣憤的舉止 ● 因氣憤而衝動行事是「憤怒管理」最大的禁忌，因應方法是為了避免這種情況 ● 在憤怒的那一瞬間發揮功效	● 目的是培養不容易生氣的體質 ● 放大心胸，擴展能包容的範圍 ● 長期持續執行更有效果

暫停六秒鐘

雖然各家說法不一，但據說在怒氣湧現之後，要花六秒鐘，理性才會有動作，「因應方法」就是讓自己度過這六秒的技巧。假如能夠若無其事地度過這六秒，就能免於落入一時腦衝而挑釁回去的狀況。

怒氣是種能量很強的情緒，運用技巧來因應十分有效。

我建議大家透過「因應方式」和「改善體質」等訓練方法，學會巧妙地處理怒氣。

2　管理怒氣的技巧①：因應方法

將怒氣化為數值（憤怒量表）

首先，我要傳授一個能撐過六秒鐘的因應方法。

「憤怒量表」（scale technique）是個將怒氣化爲數值的技巧。量表就像一把尺，當你感到憤怒時，就在腦海中以0到10的數字替怒氣評分（參見圖表4－2）。

0是絲毫不生氣的平靜狀態，10是有生以來最憤怒，氣到手會抖的狀態。

請以這個量表爲準，在腦海中替當下的怒氣評分。

以下屬犯下嚴重失誤爲例，你這時的怒氣是幾分呢？

每個人打的分數不一樣也無妨。

「這是三分嗎？還是兩分？應該是三分吧。」

圖表 4-2　替怒氣評分

0分	沒有一絲怒氣
1~3分	有點不悅，但轉頭就忘
4~6分	過了一陣子仍然忿忿不平
7~9分	氣到腦充血
10分	氣到絕對不原諒

這樣做的目的是，在大腦正專注打分數時，沒辦法任由怒氣爆發採取行動。

面對同一件事，要打幾分是個人自由。

即使有人打五分，但對你來說可能只有一分。請以你自己的標準來打分數。感到憤怒時，就將注意力轉移到打分數這件事情上。這是立刻就可以著手實踐的方法。

持續這樣做，過了幾個月之後就能漸漸看出自身怒氣的傾向，亦即會對什麼樣的事產生多大的怒氣。

許多人往往會在「生氣了」和「沒生氣」之間二選一，但這樣做將能掌握到憤怒也有分程度，例如「現在的怒氣是一分」、「剛才的怒氣高達五分」等。

有家企業所有員工都學了這個方法，因此改善了職場氣氛。當客戶在電話中提出無理的要求，負責接電話的人從前會大罵「我受夠了」，但後來變成只是低喃著說「剛才那通電話六分」。當開會時有人劈頭反駁自己的意見，原本會露骨地表露不悅的員工，變得能夠冷靜地說：「你剛才那句話三分。」

職場上因此多了笑點，職員會歡樂地互問：「爲什麼剛剛那件事是六分？」將不悅的反應代換成數字之後，職場的氣氛便一百八十度轉變。

除此之外，大家還會討論：

「這件事對我來說是一分，但你爲什麼給三、四分呢？」

「為什麼每個人的怒氣指數差這麼多？」這為員工製造了互相了解的機會，職場上的溝通變得活絡許多。如果怒氣量表能成為員工之間的共通語言就好了。

默念能平靜心情的詞句（解壓咒語）

怒氣湧上時，還有一個方法是「解壓咒語」（coping mantra），亦即在腦海中回想能平靜心情的詞句，對自己說那句話來因應怒氣。只要能讓自己從憤怒中冷靜下來，是什麼詞句都無妨。

例如「船到橋頭自然直」和「沒事的」就是很常聽到的句子。有些人只要想到自己心愛的寵物名字和長相就能冷靜，有人會對自己說「除了死，都只是擦傷」，還有人一想到自己最愛吃的烤肉就能轉移注意力，心情平靜下來。

有一位五十多歲男主管選用的詞句是「仙女魔鏡～仙女魔鏡～」

（按：原文爲「テクマクマヤコン」，爲動畫作品《甜蜜小天使》主角的變身台詞），大家不妨自己設計這類像咒語的詞句。

只要是一想到就會忍不住微笑的句子，無論是什麼都可以。

要在發怒的那一瞬間想出能穩定心情的詞句很困難，所以我建議大家事先想好幾個選項。

倒著數數字（count back）

「倒著數數字」是個在生氣時倒數，藉此撐過六秒鐘的方法。

若是依序數「一、二、三、四、五、六」，許多人即使在發怒當下也能毫不分神地數完，這樣子沒有意義。

因此，請大家將要倒數的數字設定爲必須稍微心算的數列。

例如從一百開始，在腦海中逐次減去三，倒數「一百、九七、九四……」，依此類推。

從兩百開始，依序減掉六，倒數「兩百、一九四……」也不錯。生氣時，請將注意力轉移到自己設定好的倒數方式上，藉此度過六秒鐘。

這個方法很簡單，卻效果絕佳。

停止思考（stop thinking）

「停止思考」是在生氣的瞬間對自己喊停。這個方法很單純，而且能免於在氣頭上做出衝動的事。

在怒氣湧上的當下，在腦海中想像一張白紙，靠這招來讓腦袋一片空白，也是個「停止思考」的方法。

舉個例子，坐在電腦前工作時，若收到會激怒人的電子郵件，可以怎麼做呢？

某家證券公司的職員說，他會事先準備一張能蓋住整個電腦螢幕的白紙，在收到令人憤怒的郵件時，就拿出準備好的白紙遮住螢幕，刻意讓自己只看到一片空白。

用物理方式遮蓋螢幕上的資訊，讓眼前一片空白，就能重整心情，不因憤怒而衝動行事。

這個方法很簡單就能執行，請大家一定要試試看。

深呼吸

感到憤怒時，先做個深呼吸是很有效的方法。

人在生氣時，自律神經中的交感神經占優勢，而深呼吸的好處是讓副交感神經取得優勢，達到安定心神的效果。

深呼吸的次數約爲一分鐘四到六次，從吸氣到吐氣要花十到十五秒。

我經常向人傳授：

「花四秒吸氣，然後花兩倍的時間，也就是花八秒慢慢吐氣。」深呼吸的時間太短就沒有意義，所以要花上四秒鐘慢慢用鼻子吸氣，接著再花八秒鐘用嘴巴緩緩吐氣。比吸氣時花上更多的時間吐氣，才能讓心情平靜下來。

此外，花時間深呼吸能讓副交感神經取得優勢，更容易恢復冷靜。

截至目前爲止，我介紹了好幾個方法，希望各位讀者選擇對你而言最簡便的方法來實踐。

這和減重是同樣的道理，就算目標都是要瘦得健康，但要用什麼方法（節食、血流阻斷訓練法（Blood Flow Restriction，BFR）、一對一指導、快走和慢跑）因人而異。

同樣地，若要避免因怒氣驅使而衝動行事，使用哪個方法最好也因人而異。

請大家選擇容易執行的方法，親自嘗試並養成習慣。

運用五感來讓情緒著地

如果你屬於怒氣湧現後會深深紮根的類型，我推薦「讓情緒著地」（grounding）這個類似正念的方法。這個技巧是將注意力從怒氣移開，集中在「此時」和「此地」。

方法是，在生氣的當下，先找個讓自己專注的事物。

我們有五感（包括視覺、聽覺、嗅覺、味覺和觸覺），以嗅覺為例，若房間裡有香氛精油，不妨專心嗅聞它的香味，仔細分辨是柑橘味或是薰衣草香。

在五感中，視覺最具影響力，生氣時可以觀察當下進入視野中的事物，例如眼前的海上有船，自己手上的原子筆芯是百樂的〇．三八款式，或是仔細看才發現手機上有細微的損傷。

一直對怒氣記仇的人會處於全副神經都在放在怒氣上的狀態。

「那混帳居然說這種話，實在有夠氣人！再說，會錄用這種人的人資也有問題！」

這類人會將全副心力都放在激怒自己的事物上，彷彿置身在怒氣的漩渦中。甚至有人會回想起從前別人對自己的所作所爲，想著未來再遇到對方的話一定要報仇。

我希望這類型的人不要這樣，而是轉念心想：「現在不是爲這個苦惱或煩躁的時候！」

若能如此重整心情，怒氣將會一下子退去。

增加用來表達憤怒的詞彙

當我在研習課程中問學員：「有什麼詞彙能用來描述憤怒？」「你平常都用什麼詞彙來表達自己生氣了？」很多人都說不出來，或是只能說出三、四個。

這代表，他們總是使用相同的詞彙。

怒氣是一種有分程度的情緒。我在90頁介紹了用〇到十分來將怒氣化爲數值的「憤怒量表」。

只要替它打分數，應該能了解到憤怒有程度高低之分。

可是，只用單一詞彙來表示憤怒的人卻比想像中還要多。

若詞彙太少，就沒辦法妥善表達怒氣，容易做出人身攻擊。在某一場研習課程中，我請學員回顧他們生氣時使用的詞彙，有一位二十多歲男性一律用「眞火大」來描述所有程度的怒氣，還有一位三十多歲女性只會說「有夠扯」。

有許多詞彙能描述憤怒，例如怫然不悅、暴躁、氣惱、一肚子火、怒火中燒、怒不可遏、氣急攻心、憤慨等等。我希望各位從平時就要提高對詞彙的敏銳度，思考什麼樣的詞彙最貼切，最適合用來描述當下的怒氣。

我還建議大家試著在腦海中實況轉播自己的感受。

舉例如下：「剛剛朋友突然說要放我鴿子，我聽了覺得整顆頭都在發熱。這是第二次了，和第一次的『發火』比起來，這一次我覺得有股怒氣從體內一湧而上，所以用『一肚子火』或『怒火中燒』來形容比較恰當。」

若能像這樣，有更多機會精準地使用詞彙，詞彙庫會更豐富，更容易在憤怒時想到最貼切的形容詞，傳達給別人知道。

3　管理怒氣的技巧②：改善體質

為憤怒做紀錄（憤怒紀錄）

「憤怒紀錄」（anger log）是指養成在憤怒時做紀錄的習慣。

在學習「憤怒管理」這方面，我希望各位優先從這個訓練著手。

要寫的內容有以下4點：

- 時間
- 地點
- 事件和感想
- 怒氣指數（參見第90頁的「憤怒量表」）

你可以自己設計格式或準備專用紙張來記錄。

憤怒紀錄有以下三個要點：

①當場寫下來

②每次生氣時，都要趁還沒忘記時做紀錄

③撰寫時不進行分析

圖表 4-3　憤怒紀錄的具體範例

時間	2月20日
地點	公司
事件	下屬繳交的企劃書有好幾個錯漏字，連客戶的公司名稱也寫錯
感想	要繳交企劃書之前應該先檢查才對！ 不應該搞錯客戶的名稱！ 為什麼不檢查？
怒氣的數值	3分

尤其③最重要，要是邊寫邊分析原因，就會被困在怒氣中而感到鬱悶。等到心靜下來之後再分析就好，總之先抱著做筆記的心情，爲生氣這件事留下紀錄。

持續一段時間之後，就能看出自己生氣的模式。

此外，撰寫的過程能幫助自己綜觀全局，跳脫怒氣的漩渦，客觀地面對怒氣。

每個人生氣的模式都不盡相同，例如地點大多在公司、對象是自己帶領的下屬，抑或是更常對高層感到氣憤等。

有時候，生氣的對象是父母、子女或伴侶，發怒的對象因人而異。

有人發現自己每天都對搭車通勤感到不耐煩。

有一位五十多歲男性的憤怒紀錄中，絕大多數項目都是針對年輕人。還有人受不了缺乏公德心和不守時的人，對被迫等待感到氣憤。

如上所述，當憤怒紀錄累積愈多，就愈能看出自己的憤怒模式。這樣一來，當自己再次產生怒意時，便會發覺又是相同模式，能夠在那一瞬間自我省視。

有一點要注意的是，憤怒紀錄並不是用來讓你寫下「王八蛋」、「不知分寸」或「去死吧」等咒罵字眼的筆記。

請你以冷靜的態度，記下時間、地點、事件、感想與怒氣指數。

假如不方便寫在紙上，打在智慧型手機裡也無妨，也可以使用個

圖表 4-4 壓力紀錄

能改變或控制	無法改變或控制
重要 要立刻處理 • 期限最晚是何時 • 訂立計畫來加以改變，讓自己消氣	**重要** 接受「無法改變」的事實尋找更實際的方法
不重要 有餘裕時再處理 • 期限最晚是何時 • 訂立計畫來加以改變，讓自己消氣	**不重要** 不在意 不理會 不扯上關係

出處：日本憤怒管理協會

人電腦的行事曆功能。

總之，先做紀錄是很重要的，請儘管隨心所欲地記錄。

專注於能解決的事（壓力紀錄）

世上有太多事情無法盡如己意，爲了它們煩躁不僅於事無補，還會導致怒氣和壓力愈來愈大。「憤怒管理」旨在解決問題，請參見圖表4－4的「壓力紀錄」（stress log）。

請分析讓自己動怒的狀況，並找出它相當於圖表中的哪一個象限，亦即判斷當下的狀況是否能夠掌控或改變，以及對自己而言是否重要，將它分類在四個象限的其中一區。

舉例來說，即使自己採取行動也掌控不了的事情有「討厭的上司很愛壓迫人」、「改變某人的個性」和「公司的制度」。

別人的個性不是我們能改變的，如果手中沒有人事權，便無法恣意將某人調職。有些事情或許有改變的空間，但薪資水準這種公司制度無法在一時之間改善。即使客戶的窗口很討厭，但也不是每次希望更換負責人就能換。

人有個特性，明白事情不是自己能掌控時，就不會愈想愈氣。

最簡單易懂的例子是天氣。

假設你本來要在炎夏去旅行，卻遇上颱風來攪局。

一想到就算發脾氣也沒用，儘管多少會感到不悅，但應該不至於大發雷霆。

至於無法掌控或改變，而且不重要的事又如何呢？例如搭車通勤時人潮爆滿，或是超商店員態度很差，這種事就歸類在「不在意、不理會」的區域吧！

事情要歸類在哪一格由你決定，和別人不一樣也沒關係，有辦法分類最重要。無法做出判斷的人滿腦子都在想「爲什麼會這樣」，爲無可奈何的事情愈想愈氣。

區分有辦法改變和無法改變的事

下屬反覆犯下相同的錯誤時又該怎麼辦呢？

若你認爲這件事能改變，想到「只要我有毅力地調整指導方式，下屬的能力總有一天會進步」，那就執行計畫即可。

當你判斷自己有辦法改變下屬，而且這對你來說很重要，請立刻著手行動，專心訂立詳細的計畫，諸如計畫最晚要何時執行、從哪裡做起、要按照什麼順序指導下屬、預計花多少時間等。

當你認爲下屬的能力沒有進步的空間，個性也改不了時，就要做出「無法掌控」的判斷，並思考這件事重不重要。若不重要，你就必須放手，別再繼續在意這件事。

儘管無法掌控卻很重要的事情令人頭痛，但我們只能接受「無法改變」的事實。

在接受現實之後，再思考自己能做些什麼，好讓自己不再爲這個狀況繼續生氣。

例如調整分配工作的方式，只交派下屬能力範圍內的職務給他，或是微調團隊編制，派人在背後支援他，將出錯所造成的影響降到最低。諸如此類，加強可行性更高的因應對策。

積極解決，採取建設性的行動

以下是我某次飛往成田機場時，飛機上所發生的事。

由於一大早下了雪，其中一條跑道封鎖，飛機爲了等待降落，在空中盤旋了將近一小時，開始有乘客爲了飛機並未準時降落而動怒。

在飛機上，機長說明現況並致歉，空服員對每位乘客一一道歉。然而，卻有一名乘客不斷對空服員發火。

商務艙某位年約五十歲的男性，一直大罵：「爲什麼不降落？還在盤旋是在幹什麼！這跟說好的不一樣！」

我想，他大概是在趕時間，但再怎麼責罵空服員，飛機也無法提早降落。

和我同班機的朋友要轉乘，便向空服員商量：「我本來要轉搭從成田開往長崎的班次，但來不及了，該怎麼辦？」

空服員設法幫忙安排，朋友最後順利抵達目的地。反正都趕不上了，與其抱怨個沒完，不如思考怎麼補救會更有建設性。

對無法掌控的事情生氣，只會累積壓力，最終什麼都解決不了。

而且生氣還會讓人無法冷靜判斷，甚至將怒氣傳染給周遭的人。置身於怒氣當中，會讓人看不清自己現在該做的事。假如能做些什麼改變狀況的話，就別只是生氣，及早主動出擊比較快。

另外，大家還要好好分辨這件事在自己的人生中究竟重不重要。其實，有很多人都會爲對自己來說重要性很低的事情暴怒。在那些容易被怒氣困住的人身上，經常能觀察到這樣的傾向。

不煩惱無可奈何的事

在客服中心的客服專員當中，有人總是祈禱不要有奧客打電話來，但只要他繼續留在那個職場，客訴電話就不可能消失，這是無法控制的事。

我問那位專員「你的理想是什麼」，他回答：

「每通客訴電話都提出無理的要求，讓我很氣惱，而且要花很多時間應付，壓力很大。真希望處理客訴時不要有壓力，時間也縮短。」

我給這位專員的建議是，請他先採取行動，例如請教優秀的前輩，詢問要怎麼做才能更順暢地處理客訴電話並縮短時間，遇到自己無法處理的案件時該轉交給誰，有時候還向工作團隊提出能改善制度的提案。

要是不這麼做的話，就只會在電話響起時感到氣憤。

我希望各位能意識到，只要思考對策並致力於採取行動，不必要的怒氣將會減輕許多。

4　切斷惡性循環（打破憤怒模式）

我們會下意識地重複某種模式。

若是有益的模式倒是無妨，但有時候我們會在無意識中重複有害的模式，導致惡性循環。

舉例來說，在防治職權騷擾的研習課程中，我會請學員寫下他們平時用來罵下屬或後輩的話。

由於很多人都是無意間脫口而出，當我請他們刻意回想，便發現有人會罵「你爲什麼要這樣做」、「爲什麼不檢查」，甚至使用「你這個混帳」、「鬧夠了沒」或「搞屁啊」這種很兇的話。

我請他們同時回顧自己生氣時會做出什麼舉止，有人會憤怒地用手指著對方，有人會雙手抱胸，擺出傲慢的姿勢，更激烈的例子甚至有拍桌子和丟擲物品。

此外，在私生活中，還有人會在小孩上學前囉哩囉唆一大堆，每天早上一而再再而三地罵：「還不快準備！」「快點吃早餐！」「你連刷牙洗臉都不會嗎？」「你這孩子有夠差勁！」

每個人都有自己的行爲模式。

假如自己下意識的言行擊倒了對方，導致想說的話完全傳達不到，就必須先從察覺自己的行爲模式下手。

要改變長久以來的習慣很費工夫。

因此，最好不要試圖一口氣改變一切，而是先意識到其中一小處，並且試著改變。

舉例來說，假設你想要改掉使用「你幹嘛這樣」或「混帳」來罵人的習慣，不妨將那兩句話代換成別的句子，例如用「你覺得該怎麼辦」或「你怎麼看」來取代「你幹嘛這樣」，從只要稍微留意一下就能辦到的事項開始改變。

此外，若要打破不良的行爲模式，讓自己從平時就開始習慣變化也很重要。

請想一想，自己從早上起床後，有沒有什麼下意識會做的行爲呢？例如喝水、打開電視、通勤時都走同一條路、習慣搭同一個車廂、每天早上都去同一家咖啡廳點同樣的食物等例行性的事。

我建議大家先有意識地改變上述慣例之一，然後去習慣它。若你有起床後會喝水的習慣，不妨將水換成茶。每天早上都會收看同一個電視節目的人，請試著選一天看別的節目，或是刻意走別的路線通勤。

讓自己先習慣打破行為模式，便可作為打破憤怒模式（break pattern）的練習。

突然間要改變自己的習慣，任何人都會感到抗拒。

但是，若能讓自己從平時就習慣打破行為模式，會更容易改變憤怒時下意識的反應。

5 分辨事實與主觀看法

寫下自己的核心信念

我在第三章談及，怒氣的源頭是自己的核心信念，亦即「就應該如何」。

分辨自己的核心信念究竟是主觀認定還是事實，也是「憤怒管理」的訓練方式之一。

首先，爲了分辨事實和主觀想法，請寫下自己的核心信念。如同前面提過的「憤怒紀錄」，這個方法稱爲「就應該紀錄」。持續寫「憤怒紀錄」會讓你注意到自己抱著哪些相關的核心信念，我建議各位搭配「憤怒紀錄」，一起寫「就應該紀錄」。

在過去，「就應該如何」（核心信念）對自己而言是理所當然的常識，但你可能會察覺並非如此。

我常聽擔任主管的學員說：「現在的年輕人，連身為社會人士應該要懂的事情都做不到！」

有一位五十多歲男部長表示：「只要是社會人士，一般來說都知道日經新聞，而且應該每天都要看報紙。」但這不一定是眞理。

現在的年輕職員，大都不是透過報紙得知新聞或資訊，有可能是看Yahoo網路新聞或NewsPicks（按：日本的線上新聞綜合平台）。

當你堅信自己的核心信念絕對正確、理所當然、是常識、是事實，怒氣就會愈強烈，以高壓態度對待有異議的人，這種例子眞的很常見。

說到底，溝通的目的並不是強迫別人接受自己的價値觀，而是讓雙方互相了解。

「我現在認為『○○就應該如何如何』，但該不會只是我這麼以為而已？」

倘若你沒有餘力像這樣回顧自己的核心信念，就會錯失溝通的原始目的。哪怕只有一點點也好，我希望大家都能減少溝通上的問題。

必須修正的核心信念實例

除了對別人之外，我們同樣必須重新檢視自己的核心信念。

有人被父母灌輸「唯有就讀好大學，進入大公司才能獲得幸福」，但若試著驗證這一點，就會發現世界上有很多人都沒有進入那些股票上市的大公司，仍然獲得了成功和幸福。甚至有人成立了新創公司，在他那一代就擴大了公司規模。

在這個世界上，並不是所有成功人士都讀了好大學，進了大公司。

某位五十多歲男性的核心信念是「男人就應該在三十歲之前結婚」。

他說，沒做到這一點就得不到社會的認同，也要求自己的下屬趕在三十歲之前結婚。

我曾聽說，在從前的金融相關企業，從業人員若不早點結婚生子就得不到信任，所以應該趁還年輕時趕快成家，到現在都還有人抱著這樣的信條。

可是，我們根本無從判斷不結婚的人是否能夠獲得社會的信賴。

前述的狀態，正是深信自己長久以來的信念絕對正確，結果束縛了自己。因此，重點在於要心存懷疑，思考：「果眞如此嗎？這對所有人都適用嗎？這是否只是我個人的主觀想法？」

核心信念並不是永遠只會引來壞結果，端看個人如何看待。

有人從小就被教導「凡事都應該用盡全力」，對許多事情都很努力。

假如這樣做有得到好結果，自己也很滿意的話是無妨，但要是這個信條變成強迫觀念，導致當事人凡事都非得做到百分之百不可，那受苦的人是自己。

痛苦時，適當地放寬自己的價值觀有其必要，有時候不努力也沒關係。願大家好好調整對自己的要求。

記錄成功經驗（成功紀錄）

「成功紀錄」（success log）這個方法是要記錄自己的成功經驗，無論多小的事都可以。

爲了建立大家的自尊心，我會在研習課程中請學員寫下成功經驗，以及自己努力過的事、達成的目標和個人專長，不分外在或內在。不過，寫不出來的人比我想像中更多，尤其男性更是如此。

這時，我一定會告訴他們：不要和別人比較。

例如：

- 我很會製作投影片
- 我擅長使用EXCEL
- 我對數字很敏銳
- 我很會照顧下屬
- 我的個性是凡事都腳踏實地努力
- 我知道這附近有什麼好店

這種小事都可以寫。

- 我求學時期是田徑隊，跑得很快
- 我喜歡露營，擅長準備戶外用品
- 我的手很巧，很會組塑膠模型

和嗜好相關的事項也可以。

● 我擅長滑雪和打高爾夫球
● 我喜歡打掃
● 我是烹飪高手
● 我很受小朋友歡迎

像這些也OK。

在列出自身優點的過程中，可以看出那些寫不出來的人，自我肯定度就是那麼低。自我肯定就是將自己的優點連同缺點都一起接納。人類本來就是不完美的生物，我希望大家先接受這一點，在不和別人比較的情況下，肯定自己的優點。

無法肯定自己，自尊心很脆弱的人，會爲了保護自己的弱點，用怒氣來攻擊別人，這種情況很常見。

若大家都懂得肯定自己，下意識攻擊別人的情況應該會跟著減少。

6 明確劃下該生氣與不生氣的界線

回顧核心信念的方法

若要做好「憤怒管理」，就必須學會分辨該生氣與不該生氣的情況，懂得劃下分際。

此外，對於必須生氣的事情，要學會適當的生氣方式。

爲此，請大家參考圖表4－5，明確劃下核心信念（就應該如何）的界線。

首先，①和自己的核心信念契合，是百分之百理想的狀態。

②是和自己的信念有點不同，但還在可以接受的範圍內。這無法對應到自己理想中的「就應該如何」，讓你有些不悅，但勉強還能接受。

③是無法接受，必須生氣的狀況。

圖表 4-5　替「就應該如何」劃下明確的界線

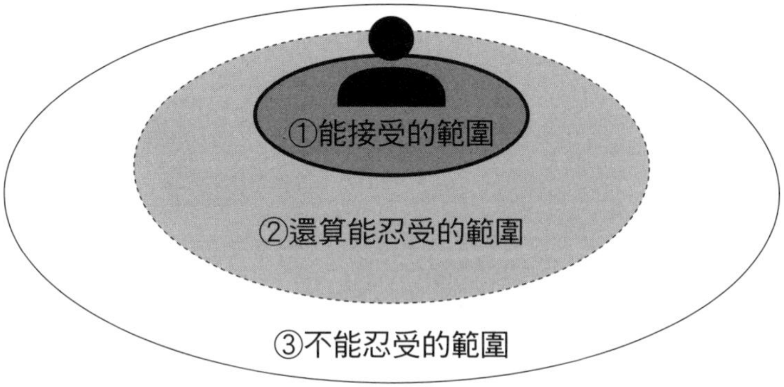

出處：日本憤怒管理協會

有人心中只有區域①，能容忍的範圍很狹小，對於不合乎自己核心信念的事感到煩躁和憤怒。若容忍範圍太小，不僅會經常動怒，自己也很痛苦。

因此，在「憤怒管理」這方面，預先畫好界線，設下區域②是個十分重要的觀念。

劃定界線之前，要先想清楚自身的「核心信念」區域①、②、③究竟到哪裡爲止。尤其②和③的分界特別重要，是動怒與不動怒的臨界點。

一旦畫好這條界線，就不能看自己的心情好壞隨意調整。有些人心情好的時候，區域②會跟著擴大，心情惡劣時，區域②就跟著變小，但這樣子會讓旁人相當困惑。

漸漸地，別人頂多只能看出這個人今天心情是好還是壞，完全無從得知他到底注重什麼。做事標準隨心情變來變去，就會被當作難搞的人。

明白說出自己的底線

我建議各位用旁人能聽懂的話語說出自己的底線。

人們對關係特別親近的對象，往往會認定「這點小事不用我說，對方應該要懂」，但無論面對家人或長年共事的團隊成員，都必須用具體的話語來傳達，否則對方可能無法理解。

某位即將年屆五十的男性經理人找我諮詢：「我要求部門裡的

二十名職員要更主動參與會議，但他們都不懂，讓我很焦躁。」

首先，我告訴他「主動參與」這個目標說得太籠統了，並請他如同圖表4－5般決定區域①、②、③的範圍。而他花了二十分鐘，才終於想出要如何描述自己的底線才能讓團隊成員聽懂。

他最後得到的結論是：「在我主持的會議上，每個與會者至少要發言一次，表達自己的意見。」

他希望每個來開會的人至少要發言一次，針對會議主題發表自己的看法、原因和佐證。要是都不發言，來出席會議就沒有意義。這就是他心目中理想的狀況，相當於區域①。

區域②是，即使與會者沒有明確說出自己的主張，但至少要針對主題表態，說「我和○○看法相同」；又或者是，即使缺乏佐證也必須發言，表明「現階段我只想到這麼多」。

區域③是完全不發言，亦即從頭到尾都在場，卻感受不到他積極參與的意願。這位經理人決定，要是有人如此，就催促他發言。

光是訂下這些準則就花了二十分鐘，由此可知這位經理人平常都用多麼抽象的描述來指導下屬。

我們會以自己的核心信念爲中心，說出各式各樣的意見，藉此指導下屬或晚輩，在他們違反自己的信念時加以斥責。

因此，劃下明確的底線，並且用具體的詞彙來傳達非常重要。

本章重點

☑ 憤怒管理是：

- 一種讓人與憤怒妥善共處的心理訓練課程
- 訓練方式有「因應方法」和「改善體質」兩種。

☑ 避免衝動行事：

- 理性要開始動作大約需要六秒鐘
- 若能忍過六秒鐘，就不會做出一時氣憤的衝動舉止

☑ 六個撐過六秒鐘的「因應方法」

- 將怒氣化為數值（憤怒量表）
- 默念能平靜心情的詞句（解壓咒語）
- 倒著數數字
- 停止思考
- 深呼吸（一分鐘四到六次）
- 將注意力集中在此時此地（著地）

☑ 五個讓你不容易生氣的「改善體質法」

- 為憤怒做紀錄（憤怒紀錄）
- 將激怒自己的狀況分類為能或不能控制，以及重不重要（壓力紀錄）
- 切斷下意識反覆的惡性循環（打破憤怒模式）
- 記錄自己的核心信念（就應該紀錄）
- 記錄微小的成功經驗（成功紀錄）

☑ 劃下「就應該如何」底線的要訣：

- 界線要明確
- 努力擴大能接受的範圍
- 不因心情好壞而模糊界線
- 用具體的描述來表達自己的底線

第5章

遭他人怒氣牽連時的因應方法

1 不被他人的主觀看法迷惑，和對方的情緒切割

不被對方的主觀看法迷惑

如同自己有核心信念，別人一樣也有，也會認爲「這種時候一般來說就應該這樣做」、「這是常識」或「這種作法才對」。我想，大家應該都曾經被別人基於這些主觀看法的怒氣牽連過。

遇到這種情況，似乎有很多人會因爲別人用「就應該如此」來壓人，於是就被對方的怒氣牽著走，忍不住挑釁回去。例如：

「可是現在我的作法才是正確的！」

「你那種方式已經過時了！」

「現在已經跟你的年代不一樣了！」

要是如此情緒化地否定對方的核心信念，只會讓對方加倍憤怒。更嚴重的話，甚至會脫離原本的話題，演變成雙方交情破裂，必須小心。

另一方面，當別人對自己動怒時，有些人會默默將情緒往肚子裡吞。

尤其當對象是上司或客戶時，這類人不敢回嘴，會將怒氣埋在心裡。累積了太多不滿時，甚至會鑽牛角尖地心想：「我和這個人合不來！我討厭他！再也不想和他扯上關係！」

一旦陷入這種窘境，要修復關係就很困難，我希望大家能在演變至此之前採取對策。

首先，當你想回嘴時，請小心不要在氣頭上衝動開口。

當對方的發言很情緒化，請你客觀地做出判斷：「他現在說的話，是基於他個人的主觀判斷。」

假設有人罵你：「你這種做事方法太不合理了！」倘若你回嘴，說：「哪裡不合理？你憑什麼這樣說？你的做法才過時，還敢說我！」這樣就會有慘烈的戰場等著你。

請不要被「不合理」那三個字牽著鼻子走，別讓自己被對方的主觀意識拖下水。

爲此，請先抱著「在他過去的經驗中，這樣做才對」的心態來看待，然後再提議：

「對了，現在還有其他很多種做法，這次不妨試試看其他方法，你看如何？」

老實說，要平心靜氣地回應別人的怒氣實在很困難，需要持之以恆地練習。但只要成功一次，就更容易保持平常心。我希望主管階層一定要學會這個技巧。

不被對方的情緒拖下水

此外，你還需要培養一種能力，亦即在別人情緒化時要能綜觀全局，看出「這是源自對方內心的情緒」。

綜觀全局的祕訣是，當別人鬧情緒時，不要默默當個受氣包，而是先做個深呼吸，或是利用第四章所介紹的方法撐過六秒鐘，藉此製造一段時間的空白。

然後，在腦海中開始實況轉播對方生氣的模樣，例如：

「這個人因爲核心信念被打破而在生氣，他的發言中含有主觀意識和先入爲主的觀念，就是這樣才會生氣吧！」

像這樣進行實況轉播，將能讓你比想像中更冷靜。

遭到誤會和責罵時的因應方法

對方因誤會而生氣的情況也時常發生。

當對方誤以爲你之前說過某句話而對你生氣，若你反駁「我才沒說過那種話」，對方可能會更憤怒。

這時，我會這樣回應：

「抱歉，你說的那句話我現在是第一次聽到，可以麻煩你說詳細一點嗎？」

先冷靜下來，姑且接受對方說的內容，然後表達自己希望對方怎麼做。將論點變成「我第一次聽到」，而不是爭執說過或沒說過，並且將話題轉移到今後。

別人對你發洩怒氣時

以下舉出我經常傳授給客服人員的因應方法爲例。

當顧客對自己發怒時，先思考對方的「原生情緒」是什麼。

雖然提出解決方案很重要，但同理對方的心情同樣不可或缺。

當客服人員看出顧客當下的「原生情緒」是困擾或不安，就能這樣回應：

「造成您的不安，眞的很抱歉！」

「對不起，讓您擔心了！」

在道歉的同時，同理顧客的「原生情緒」。

很多情況下，只要以理解對方心情的態度來應對，便能讓對方覺得自己的感受獲得理解，有助於解決問題。

相反地，要是沒做到這一點，只是提出解決方案的話，往往會火上加油，使顧客覺得「你根本不懂我的心情，換其他人來」，近而演變成更進一步的客訴。

面對客訴要擔任溝通橋樑

有新手客服人員找我諮詢，他們的煩惱是不知道該如何應對客訴，還有對顧客的怒氣過度反應。

「這是在搞什麼？這種事情太扯了吧！」

「你給我解釋清楚！」

當顧客暴怒，新手客服不小心動搖，結果讓對方更加大發雷霆的例子也不少。

遇到這種事，客服人員會覺得自己遭到否定而沮喪好一陣子，或是爲「自己爲何非得被罵成那樣不可」而湧現怒氣，累積很多壓力。

爲了避免這種情況，我教他們在應對客訴時，要意識到自己是顧客與公司之間的橋樑。

顧客只是有事要透過客服人員傳達給公司，絕對不是要攻擊客服人員個人。負責應對的專員所肩負的職責，是了解客訴者的需求，並代表公司採取適當的對應。

儘管客服人員並沒有最終決定權，仍然必須具備自己是溝通橋樑的意識，幫顧客和主管或負責人牽線。

爲了不被對方的怒氣牽著走，並採取適當的因應方式，不僅要學習應對技巧，還要鍛鍊不爲客訴動搖的心志。

不生沒自信的氣

有些人容易爆發怒氣的原因是缺乏自信。

「你這裡弄錯了，建議這樣修正。」

「遇到這種情況時，你最好要注意這一點。」

缺乏自信的人聽到這種建言，會覺得被踩到缺點和痛點，因而如此反擊：

「你自己還不是不會！」

「關你什麼事！」

「明明錯在你沒告訴我！」

主管在優秀的下屬出現時駁倒對方，也屬於這種類型。

我認爲，培養自我肯定感和自尊心，能有效預防這種源自於自卑的怒氣，讓當事人不透過發怒來自我防衛。我在第四章曾稍微提過，很多人都困在這種怒氣中。

舉個例子，當下屬想出比自己更出色的提案時，缺乏自信的主管會覺得肯定下屬的提案讓自己很沒面子。

結果是，主管會怒罵下屬：

「我沒叫你做的事，你別做！」

「我們一向都採用這種做法，不用你插嘴或多事！」

如上所述，爲了保護自己，有些主管會怒氣發作，進而攻擊或打壓下屬。採取攻擊性溝通方式的人，他們的內心絕對不可能強大。在我看來，那些人就像在拼命墊腳尖，爲了不要倒下而吃力地站著。

當別人將主觀意識強加於你

下面這個例子不是有人對我生氣，而是對我強推他的主觀意見。

當我一邊照顧孩子，一邊擔任研習課程講師，有人對我說：

「女人生了小孩之後，就不應該出差！」

「既然孩子出生了，一般來說直到他三歲爲止，你都應該要專心帶孩子才對。」

這些事發生在我年輕時，現在這種發言應該變少了。

當年我會在要替企業上研習課程之前把孩子托給母親照顧，然後自己到外地出差。結果甚至有人這樣說我：

「孩子還那麼小，你怎麼還在工作？一般來說要在家裡專心帶孩子吧！」

「當媽媽的從孩子還小就開始工作的話，小孩會學壞的！」

有兩個方法可以因應這種情況。

一是鍛鍊後面會提到的「無視力」。「生了小孩就不該工作」只是那個人自己的價值觀，無法套用在所有人身上。若覺得理會對方沒有意義，就能做出「隨便他怎麼講」的判斷。

此外，不特地反駁，用一句「很多人都這麼說」來帶過也是個方法。

從「憤怒管理」的觀點來看，當你認爲就算反駁對方也沒有用時，就屬於「壓力紀錄」中的「無法掌控的事」。

假如你不會經常見到對方，大可做出「不予理會」的判斷。

倘若對方是每天都會見面的主管，而他頻繁說出前述發言，還有一個方法可以應付。當我不希望孩子被別人說「會學壞」，我不會動氣，而是冷靜地告訴對方：

「我孩子還小，而我繼續工作是我和家人討論過的結論。」

我的底線是若別人對我這個職業婦女說三道四，我能用一句「眞的很多人都這樣說」輕輕帶過。

但是，假如對方提到我的孩子，說孩子會學壞、會變得不正常或是很可憐，我就會明確地告知自己的底線：

「我繼續工作是經過家人同意的，請你不要繼續說三道四。」

「聽到你說孩子會學壞、孩子很可憐，我實在很震驚，請你不要再說這種話。」

假如你覺得不回嘴，之後會後悔的話，最好在當下就清楚表態。

帶著成見來理論的人

有些人深信自己的想法正確無誤，會帶著強烈的怒氣來理論。

我在某家公司上了兩小時的研習課程後，一位四十多歲男職員來找當時站在我旁邊的研習負責人，提出下列意見：

「爲什麼要花兩個小時上這種研習課程？一般來說都是九十分鐘吧！長達兩小時太不合理了！」

他對我主講的課程內容沒有意見，有意見的部分是每次舉辦課程的時間長短，而他想說的是：

「在別家公司，這種課程通常都是九十分鐘。身爲一家推動勞動改革的企業，居然花兩小時在研習，這太不合理了！有很多工作能在三十分鐘內完成，上研習課程經常導致工作進度落後，大家都說應該縮短爲九十分鐘！所以，以後應該改成九十分鐘就好！」

他說的內容，有幾個地方並不是事實。

有些公司會實施耗時一整天的研習課程，九十分鐘的課程並不常見。而且，研習的次數一年只有一、兩次，不能武斷地說會影響工作進度。此外，「大家都說」也不是事實。

當時，五十多歲負責人的應對方式很恰當。他說：

「你希望課程設爲九十分鐘對吧？我今後會參考你的意見。我向每位來聽講的職員做了問卷調查，他們表示研習時間剛好，還有很多人希望延長。其他公司甚至有爲期一整天的研習。假如實施研習的時間剛好遇到你的工作繁忙期，你大概會感到困擾吧？但我們認爲這些研習課程有其必要，所以我會拿出問卷的統計結果給你看，然後再和你討論。」

這位負責人冷靜接受對方的意見，而且應對時也沒有被對方的主觀意識迷惑。

面對無憑無據，只根據個人主觀意見來理論的人，這位負責人不但沒有譴責，還冷靜地表達己方的立場，是個很好的範例。

不要試圖掌控別人的情緒

在我每天接到的諮詢案例中，很多人都希望能夠設法解決憤怒的人，但說到底，我們拿這種人沒辦法。若要對方別再生氣，也要他願意才行。只要對方沒有自覺，不認爲自己頻頻生氣會給大家帶來困擾，即使要他改進也改變不了什麼。

所以，關鍵在於別讓自己被憤怒的人拖下水，不被他迷惑。

舉例來說，當鄰座的人不耐煩地猛敲鍵盤，或是嘴上瘋狂抱怨，周遭同事會跟著煩躁起來，無法專心工作。

對於被打擾的人，我會請他們這麼想：「那個人又開始不耐煩了，但這是他的情緒，不是我可以控制的。」

具體的因應方法是自己主動採取行動。假如有辦法換位置，就移動到不會受到干擾的地方，或是找方法讓自己專注在其他事情上。

一旦你想要設法解決那些易怒的人，反而會讓自己白白陷入無意義的怒氣中，有時候果斷切割也很重要。

當旁人的怒氣讓你不開心

「坐在附近的同事老是一邊工作一邊抱怨，讓我很介意。」這類諮詢案件比我想像中更多。其他還有「同事經常誇張地嘆氣」、「一邊做事一邊碎碎念」、「被迫聽他抱怨同事、上司和公司」等諮詢內容也很多。

還有一些案例是主管飆罵某人，導致無關的人也覺得不舒服。假設主管在辦公室全體同仁面前辱罵某人，整個職場都會陷入尷尬，甚至為此不滿地心想：

「幹麼罵那麼兇？沒必要說得那麼過分吧？」

遇到這種場合，最好別想要試圖掌控在場的人。

舉例來說，當主管發脾氣飆罵所有人時，你應該很難向他建言「別這樣發脾氣」吧？

若對方是比較好開口的同事，我認為大家不妨給他忠告：「我看你好像經常不高興，周遭的人也很在意，所以勸你克制一下。」

但是，應該也有很多人說不出口吧！

不敢勸告對方，但他又開始耍脾氣時，你可以這樣想：

「又來了，今天也不好過呢！」

「那個人又發飆了，真拿他沒辦法。」

像這樣，雲淡風輕地看待。放棄掌控對方，自己的心情會比較輕鬆。

別被負面情緒扯後腿

當你的同事滿口怨言，總是在說：

「都沒人懂我！」

「主管超爛，客戶又機車！」

「菜鳥學那麼久還不會！」

「公司的制度太爛了！」

這種總是在批評別人的人，往往不覺得自己有錯。面對這樣的人，即使你說「沒這回事」、「少抱怨，多做事」，他也不會收斂。

我希望大家留意的是，不要受那些怨言影響。當你被迫聽那些話時，心裡並不好受，但千萬不要連自己都跟著焦躁起來，進而難以專心工作。

我在45頁說明過，情緒會傳染，尤其負面情緒的傳染力比正面情緒更強。各位千萬不要被易怒者的負面情緒扯後腿。然而，要是不小心附和那些愛抱怨的人，對方恐怕會把你當作同一陣線，甚至到處跟人說你也說過同樣的話。

因此，我建議你用不感興趣的口氣說：「啊，是喔？對了，話說回來……」藉此轉移話題。

最該擺在第一位的是不被別人的怒氣干擾，平心靜氣地做事。如果你時時刻刻都能做到這一點，不但工作會更平順，也不會累積壓力。

2　訓練「無視力」

藉由無視來忍下怒意

如同我在144頁說過的，當別人對你發怒，或是說了激怒你的話，若你覺得要逐一應付沒有意義，就必須養成不認真看待，睜一隻眼閉一隻眼的「無視力」。

舉例來說，有些人會在電車上喃喃自語，有些人偏激到每個人都覺得他的舉止很奇怪，還有些人動不動就發火。遇到這些人時，不予理會是最好的做法。

或許有些讀者會選擇迎戰，但最好還是不要隨對方起舞。

在「憤怒管理」的研習課程上，我問學員：「最近有什麼事最令你生氣？」有人回答他在搭電車時被其他乘客的公事包撞到，對方還看了他一眼，他便忍不住說：「看什麼看！」如這個例子所示，有些人會主動挑釁。

在電車或月台上和擦肩而過的路人相撞，對方只是抱怨了一句，就有人會因此氣憤很久。

以上這些，都是無法忍下怒氣的人經常遇到的情況。

有些人的怒氣會維持半天至一天，這實在很浪費時間。

在搭車通勤時遇到沒禮貌的人，即使當下感到不悅，也不能延續這股怒氣，這是最沒有意義的事。

而且，考慮到這股怒氣甚至會影響自己的私人時間或工作夥伴，就更覺得枉費了。「憤怒管理」的目標是讓自己和旁人做出長期下來有益身心健康的選擇。

因此，我呼籲大家不要做出延續怒氣的選擇。

培養「無視力」的好處

培養「無視力」之後，就不會在意那些多餘的事物，減少動怒的次數，事後和對方溝通也會更順暢、更容易。

減少動怒的次數有助於做好「憤怒管理」。截至目前所說的內容能夠擴大個人能容忍的範圍，愈勤奮實踐，就愈不會被沒有意義的怒氣牽著鼻子走。

無視時有效的技巧

我在第四章解說過，若要無視某個人事物，首先要撐過六秒鐘，不做出任何反應。說到底，那些素未謀面的人，或是沒什麼交集的職場同事，在分類上屬於壓力紀錄中「不需掌控」且「不重要」的區域。若能學會在此時切割，心情會輕鬆許多。

各位可能偶爾會遇到怪人，被對方的怒氣掃到颱風尾。這種時候，有人會上演腦內小劇場，藉此撐過怒氣，例如：

「這個人剛從國外回來，一路上顛沛流離累得要死。」

當公司董事擺臭臉時，你不妨試著想像：

「他在家被老婆狠狠說教了一番！」

「他一定是私底下遇到衰事！」

「他搞不好覺得自己很孤獨。」

將怒氣變得這麼輕盈也是一種技術。

除此之外，還有這些例子：

「他一定是打高爾夫球時表現不佳！」

「他八成被女兒嫌棄，不願意把衣服和他的一起洗！」

「他的小孩是不是嫌爸爸很臭？」

「他兒子是不是正值叛逆期？」

「他會這樣是因爲零用錢變少了！」

諸如此類，自由上演讓自己忍不住笑出來的腦內小劇場，能讓心情更游刃有餘，是我很推薦的方法。

視為文化差異

有些案例是，別人不經意說出：「你是鄉下人，所以不懂吧！」讓聽到這句話的當事人很在意，受到過大的打擊。

以這種情況來說，有些人說話本來就很失禮，最好別被那些話迷惑。有個好方法是把對方當作外國人。

某位男性經營家管理女性下屬的技巧非常出色。在他的管理下，女性下屬不會互相嫉妒，職場上充滿了活力，女性職員們都能大展身手。

我問他是如何應付麻煩的人，他只說了一句：

「我都把他們當作外國人。」

只要把對方當作來自異國的人，就算雙方有什麼差異，也能抱著「原來他們在這種情況下會這樣想啊」的心態。

那位男性經營家不會為了別人的舉止煩惱不已，而是心想：「原來外國人會這樣說話啊！」能夠有彈性地接納。

即使雙方都是日本人，也有文化差異。聽對方說話，覺得他很沒禮貌時，有可能其實是因為對方只會那種用詞，並沒有惡意。

要是只聽詞彙表面的意思，人際關係就會變得劍拔弩張，很累人。

「原來還有這種人啊？」

「或許只是文化不同，對方說不定沒有惡意。」

若能這樣想，承受那句話的一方會比較輕鬆。

3　別為過去的憤怒自責

在從前那些讓你生氣的事情當中，有些會隨時間經過而忘卻，但有些事情一想起，怒氣就會重上心頭，讓你鬱悶地心想：「那個人當時為什麼要說那種話？」

以下是某位五十多歲女主管的故事。

她本來已經放棄生育，但在四十二歲那年意外懷孕，於是便向上司（男性部長）報告。結果對方一臉困惑地說：

「什麼？妳不是才剛當上課長嗎？」接著還低聲唸了一句：「妳

都這個年紀了……」

在那一瞬間，女主管的心情很複雜：「原來我懷孕不是一件值得開心的事嗎？還說什麼『妳都這個年紀了』，眞過份！要是我更年輕幾歲的話，主管會恭喜我嗎？」

她起初很難過，在這之後連怒氣都湧上來。

後來，她平安生產，孩子也十歲了。然而，即使已經過了十年，她想起當時的事仍然會發火。

雖然她很想告訴對方自己多麼受傷，但錯過了時機，當事人已經不在該部門了。

這位女主管學習「憤怒管理」後，過了一陣子，她便跟我說，她覺得輕鬆許多。

「我想訴說自己很受傷和憤怒的對象早就不在了。我試著描繪理想中的未來和自己，發覺懷抱憤怒、鬱悶過生活並不是我想要的。

我理想中的未來，並不是為了那股無處發洩的怒氣受苦。既然如此，放下它對自己來說才是最好的作法。我這麼想之後，得以平心靜氣地將注意力轉移到自己未來想要怎麼過生活，於是就輕鬆許多。」

她因爲從前的怒氣受苦，甚至開始討厭永遠只能悶在心底的自己。像她這樣的案例絕對不少見。

有時候要放過對方，也放過自己。放下能讓人輕鬆許多。

放過對方並不代表輸給他。

重要的是，做出能讓自己活出幸福人生的選擇。

4　打造不攜帶怒氣的心

不製造浮躁的氛圍

在一些主管身上經常能觀察到一個現象：他們都散發出讓人不敢

上前搭話的氛圍。當他們滿腦子認眞想著工作時，會眉頭緊皺，製造出嚴肅的氣場，或是無意間板著臉，光是這樣就會讓旁人覺得有種壓迫感。

我實施「憤怒管理」研習課程時，會問學員對正在發怒、擺臭臉或不耐煩的人有什麼看法，他們的回答是：

「有事要聯絡或向他報告的話，我會盡量只做到最低限度。」

「沒事的話不想靠近他。」

「我會忍不住看他的臉色。」

「會很害怕。」

「和他扯上關係好像會很棘手。」

周遭的人會很敏感地察覺當事人無意間製造的氛圍。

我希望擔任主管階層的人，要從平時就保持平穩、明亮的氛圍。

二十四小時心平氣和

爲了帶著平常心過日子，我要在此介紹一個「憤怒管理」的技巧，名叫「二十四小時心平氣和」（24時間アクトカーム）。如同它的名字所示，要扮演穩重的自己。

這個方法不必每天執行，以免導致疲累。

只要在一週裡選一天，決定「今天我要扮演平和的自己」，包括要用什麼表情度過一天，用什麼態度、發言和語氣待人等等。

當自己保持平和時，旁人有什麼反應呢？請大家嘗試這個方法，並觀察別人會怎麼對自己說話，如何對待自己，和自己說話時的表情和態度是什麼感覺。假如有人說：

「您今天給人很舒服的感覺！」

「您遇到什麼好事了嗎？」

這就表示你「扮演」得很好。

假如大家的反應都很好，不僅自己開心，也覺得這樣度日很舒服的話，不妨持續下去。

自己若能保持平常心，被別人的怒氣影響的次數也會變少。

主管階層肩負許多重責大任，往往會經常情緒不穩定，我希望各位務必要實踐這個方法。

露出平和的表情

人在不耐煩時，表情和臉部肌肉都會變得僵硬。根據順天堂大學醫學系教授小林弘幸先生的著作《打造身體一生不動怒的方法》（中文版由天下雜誌出版），這時候光是刻意嘴角上揚擠出笑容，就能提高副交感神經的運作，重整自律神經，達到放鬆的效果。

大家往往以爲要先讓心情平靜，表情才會跟著和緩，但據說先改變表情才能使副交感神經取得優勢，使心境恢復冷靜。我建議大家坐在辦公桌前或開會聽取別人的意見時，試著照鏡子看看自己是什麼表情。

一位五十多歲男主管某天被高中生女兒說：「爸，你的表情好可怕！」他便拿起鏡子仔細觀察，發現自己眉頭緊皺，嘴角下垂，連自己都覺得鏡中是一張臭臉。

他原本並沒有發現這件事，因此受到了打擊。

在那之後，他努力練習露出笑容，在職場上也徹底留意。

結果，下屬變得比以前更常向他搭話和找他商量要事，雙方交談時，下屬的表情也變得很柔和，讓他很開心。

此外，當他有意識地笑著聽別人說話，保持表情和善，聚集到他身邊的資訊和人數便暴增到驚人。

只是一個表情，就能讓別人的反應改變這麼大。

我希望大家在辦公桌上放一面鏡子，一想到就看看自己的表情。

5 將怒氣轉換爲「要求」

情緒化地抱怨只會讓人退卻

當我前往企業講課時，主管們經常向我諮詢：

「很多員工一有什麼不滿就會找我抱怨，讓我很困擾。」

例如：

「爲什麼只有我的工作量特別多？」

「那個同仁都沒在做事，您爲什麼不告誡他？」

「我都這麼努力了，爲什麼不給我更好的考績？」

當課長想要更了解最前線的情況時，有職員會用譴責的語氣對他說：「課長，你對工作現場還眞是不了解啊！」令人覺得很難對付。

看到這些例子，你是不是也有相似的經驗呢？

在這種情況下，只有一方單方面提出意見，就不算是溝通。

聽到這些話的那一方，即使覺得對方說得有道理，也不會想要傾聽，因爲他會覺得對方在抱怨。

假如上司在面談時聽到上述那種說話方式，就會覺得下屬表達意見時很情緒化，會想要先勸下屬冷靜。這樣一來，結果便是眞正想說的事沒能傳達。

提出要求的訣竅

如果你是個三明治主管，除了要傾聽下屬的抱怨，還得和自己的上司妥善溝通，非常辛苦。

在指出問題時向對方表達自己的不滿並不是壞事。祕訣在於，提出要求時要說出你希望對方往後怎麼做，以及現狀不符合你的期待，這樣子對方會更容易接受。

舉例來說，當你覺得分配給自己的工作量不公平，首先要指出現況和事實，然後再提出要求。

「我現在在做這些工作，我覺得工作量很不平均，能不能請您重新審視一下呢？」

當你對下屬有所不滿，但又不希望被下屬認爲你在打小報告或埋怨，你可以如下所示，用「事實＋要求」來告訴上司。

「和我一起合作的職場後輩做事速度比較慢，有時候會開天窗。能不能請您幫我提醒他一下？」

將事實和要求一起傳達，對方會更容易聽進去。

如何勸阻加班時都在交談的下屬

有一名主管的女性下屬會在加班時長時間交談，他便如此告誡：

「你既然在加班，就不要閒聊沒營養的話題，不然就算你加班，工作也還是沒有進展，這樣子加班不就沒意義了嗎？」

結果女性下屬很生氣。這是個表達方式不好的例子，很明顯就能聽出是在抱怨。有些人一旦不耐煩，就會忍不住說出多餘的話。將「交談」說成「閒聊」，還使用「沒營養」這種武斷的說法，對方有可能會反彈。

這時，請慎選用詞，並提出明確的要求，如：

「我希望你把加班時間更有效率地花在工作上，除了有必要和必須確認的時候，你能不能不要和同事交談，專心做事呢？」

如何告誡做事先斬後奏的下屬

當下屬在工作上擅自做決定，身爲上司的你該怎麼勸告呢？

「請你不要隨便自己決定好嗎？」

「你爲什麼不先向我確認？」

「遇到這種情況，一般都要先問過上司吧？」

以上這些說話方式含有埋怨的語氣，但人們往往會不小心這樣說。更好的方法是將這些句子變成具體的要求，例如：

「當你不知道該怎麼做的時候，可以先找我商量嗎？這樣一來，就能夠避免判斷錯誤，事後也不需要重做。」

如上所示，提出要求時要同時提出原因，說：「我希望你能○○，而不是ＸＸ，因爲（解釋原因）」。尤其現在的年輕族群有種傾向，是在溝通時告知原因和佐證會比較容易說動他們，請大家務必要嘗試看看。

向主管提出要求時要具體

在三明治主管對上司的要求中，以「綜觀全局」爲大宗，尤其下列意見更是經常出現。

「請您兼顧各個層面好嗎？」

「眞希望主管別那麼狀況外！」

「拜託您多少幫點忙好嗎？」

實際上，眞的有人對直屬上司說：

「請您做好管理工作，讓大家的工作量公平一點好嗎？您就是沒有做到，造成一部分人負擔很重！」

採用這種說話方式，只會讓對方覺得遭到譴責。

以那句「拜託您多少幫點忙好嗎？」爲例，說這句話的人主要是想表達「爲了和其他部門合作，由部長以上的高層幫忙交涉會比較好做事」，而他覺得高層看情況應該就會明白，所以沒有說得那麼清楚。

若要將那句話改爲提出明確的要求，具體例子如下：

「我們現在正在處理這些事，爲了讓往後的溝通更順暢，能不能請您幫忙和其他部門交涉呢？」

若不具體說出自己的請求，對方是不會懂的。

只要說出希望對方怎麼做，就能提高對方協助的意願。

至於「請您做好管理工作，讓大家的工作量公平一點好嗎？」這句話，若改成：

「一部分人的工作負擔顯得比較重，可以請您找機會重新分配嗎？」這樣子，對方也更好接話。

關鍵在於，不要使用「您就是沒有做到，造成一部分人負擔很重」這種武斷的語氣。由於這位說話者使用「請您做好管理工作」這種責怪的說法，因此最重要的請求並沒有順利傳遞。

當內心累積許多不滿，人們往往會採用譴責或抱怨的說法，但這樣一來對方就無法坦然聽進去。即使他認爲你說得有道理，仍然不會接受你的意見。

相對的，若能透過「請求」的方式表達意見，對方就更容易了解你想要什麼，便能夠和平地進行溝通。

此外，這樣一來，對方也更容易說出他的意見，使雙方的溝通更順暢、更深入，有助於解決問題。

當下屬反過來指控自己職權騷擾

最近，我在主持研習課程的公司聽說以下的實例。有一位新進員工說：

「我一直以來都在父母的讚美下長大，爸媽從來沒有罵過我，而且責罵我只會讓我失去動力，所以請盡量稱讚我！」

不僅如此，當這位新進員工反覆失誤時，上司只不過說了句「你一直出錯會造成我的困擾」，他便回嘴：「你居然這樣講我，根本是職權騷擾！」

「職權騷擾」一詞經常聽到，但意外的是有很多人並不知道什麼情況算是職權騷擾，在缺乏相關知識的情況下使用這個詞。

近幾年，在杜絕職權騷擾的過程中產生不少弊病，很多團體都禁止職權騷擾，導致下屬中有人反過來利用這一點，每當被主管勸告、要求加班或委託不想做的職務時，就會反駁「你這是職權騷擾」。

在某家企業還發生過這樣的事。主管邀請下屬出席歡送會，或是每半年一次的聚餐，被下屬拒絕了。當主管解釋「這是半年才一次的聚會，希望你能來」，下屬就以「強迫我出席是職權騷擾」來反擊。像這樣，有人會將職權騷擾一詞當作擋箭牌。

一旦被下屬說是職權騷擾，當主管的經常會怕得不敢繼續發言。

當你遇到這種人時，請冷靜地回答：

「這不算職權騷擾喔！我並不是想要強迫你，而是還在提出請求的階段。」

「我是因爲某某原因，才會問你能不能〇〇，希望你不要誤會我在職權騷擾。」

無論如何，你都不能被對方的怒氣影響，也不能情緒化。萬一你反駁：「你在說什麼鬼話？這怎麼會是職權騷擾！」當下就是你出局了。

當我在日本各地講課，每天都會聽到許多令人驚訝的諮詢內容。現在畢竟是個多樣化的時代，真的各式各樣的人都有，有時候也會感到困惑。但我希望各位別在這時被旁人牽著鼻子走，而是學會穩重且技巧高明地表達。

本章重點

☑ 當別人生氣時

- 別想要控制對方的怒氣
- 不接受對方的挑釁
- 不否定對方的「就應該如何」

☑ 如何應對客訴

- 同理對方的「原生情緒」
- 不因客戶的怒氣過度反應
- 意識到「我是客戶和公司的溝通橋樑」

☑ 「無視力」

- 不和生氣的人認真，左耳進右耳出
- 不理會主觀意識強烈和動不動就暴怒的人

☑ 培養「無視力」的好處

- 減少心情煩躁的次數
- 和對方溝通起來會更順利
- 長期下來有益身心健康

☑ 對別人心生不滿時

- 以「請求」的形式表達，對方更容易接受
- 先說事實，再傳達要求
- 同時說出「請求＋原因」

☑ 如何應付反過來利用「職權騷擾」的下屬

- 不被對方的情緒影響，也不要情緒化地回嘴
- 冷靜地告知這不是「職權騷擾」

第6章

指導與責罵的方式

1　責罵不是壞事

我在第一章提及，自從職權騷擾一詞被大幅報導後，有人認為責罵本身是一件壞事，不敢責罵下屬。

但是，責罵並不是壞事，關鍵在於責罵的方式。

我在實施研習課程時，經常請學員討論責罵與不責罵的優缺點。

關於責罵的優點，大家經常提到的有：①能讓對方成長；②對方的行為將會改善；③能表現出自己是認眞的。

至於責罵的缺點則包括：①人際關係惡化；②對方會萎靡不振；③會被說是職權騷擾。

若主管不罵人，下屬便輕鬆自在，也會覺得主管人很好，但只要下屬應該改善的地方不改進，主管就不被下屬放在眼裡，進而累積壓力。

從討論的結果看來，責罵有好處，不責罵也有壞處。由此可見，重點應該在於責罵的方式，亦即避免責罵的缺點發生，並且收到責罵的成效。

這一章，我將傳授適當的責罵與指導方法。

2　責罵是爲了什麼？

以對方能懂的方式呈現

話說回來，責罵究竟是爲了什麼呢？

我在講課時經常告訴學員，責罵是希望對方獲得成長，促使他改善意識和行爲，給他彌補的機會，絕對不是爲了駁倒對方、強迫他接受自己的意見，也不是爲了抒發自己的壓力。

若要促使對方改善，以「我希望你今後這樣做」來明確提出請求是很重要的。然而，實際上很少人會使用對方能理解的說法來告訴他接下來該怎麼做。假如責罵的原因不明不白，挨罵的那一方只會覺得你莫名其妙在發飆，除此之外什麼都領會不到。

從「憤怒管理」的觀點來看，當有人打破自己或所屬團體的核心信念時，就要做出應該責罵的判斷。

有些團體將「生氣」和「責罵」完全分開，但日本憤怒管理協會對兩者並沒有明確的界定。

我個人認爲，「生氣」是一種表現，其中包括「責罵」此一行爲，而生氣時不僅止於表現出情緒，還要告訴對方「我希望你今後如何改善」。

摸清對方的背景

以下是參加研習課程的四十多歲女主管A小姐的案例。

A小姐底下來了一位新進女職員，A小姐吩咐她「我要外出一個小時，內線電話讓妳帶著」，將行動分機交給她。一小時後，A小姐回來了，詢問：「有沒有人打電話找我？」新進女職員回答：「電話有響，但我沒接。」

A小姐瞬間爆氣，怒罵：「電話響起時應該要接吧？妳爲什麼不接？一般來說，不是應該要代替我接電話，在我回來之後轉達給我嗎？」

新進女職員聽了這番話，愣愣地說：「可是，妳只是叫我帶著而已啊？」這讓A小姐更火冒三丈，覺得簡直太扯了。

A小姐後來才了解到，這幾年二十多歲的年輕人自家多半沒有室內電話，所以他們缺乏替別人接電話並傳話的經驗。A小姐說：「要是我當時有教新人如何應對打給其他人的內線電話就好了。」

人們在不了解對方背景的情況下，飆罵「你連這點小事都不會嗎」的情況其實很常發生。像這種不同世代之間的鴻溝，在公司裡並不少見。

我在第三章提到外商公司與本土企業對是否要「斡旋」有不同意見，這個例子也是如此。大家必須想一想：「這個『就應該如何』是絕對不能打破的嗎？自己長年以來認為理所當然的事情，應該也有人不這麼想吧？」並做出判斷。

這裡有一點希望大家不要誤會，那就是你沒有必要改變自己的核心信念。核心信念是自己成長過程中培養出來的價值觀，有它的重要性，所以不必改變或消除。

對自己來說很重要，有如眞理的事情，不一定放諸四海皆準。如同你有珍視多年的事物，別人也有他的人生背景，有他看重的核心信念。因此，大家要有度量傾聽不同的核心信念，並互相溝通。

若你無法視情況調整自己的準則，你自己和身邊的人都會很痛苦。我希望各位能培養不執著於自身看法的溝通能力，讓自己和旁人的心靈都能輕鬆一些。

3　責罵前要先了解的事

情緒能自主選擇

有人說：「憤怒是自然的情緒，情緒化是無可奈何的事吧？」憤怒對人類而言是種自然情緒，無法消除，但我們能夠靠自己來處理它，調整表現方式。

舉例來說，當下屬犯錯，你忍不住正要發火時，手機突然響起，來電顯示對方是大客戶的負責人。接起電話時，你是不是會瞬間收起脾氣，好聲好氣地打招呼呢？

這時，我們就能掌控情緒，改變音色、說話方式、表情和態度。

捨棄生氣有用的錯誤觀念

我曾經聽許多主管說：

「不嚴格教訓的話，下屬就不會聽話！」

「根本不必在意什麼職權騷擾，只要大罵一句『照我說的做』就好了！」

有時候，當上司這麼兇，有些下屬確實會不敢再有第二句話，直接照做。

在問題發生時，讓下屬產生恐懼感是能夠激起他的動力，但長期來看會怎麼樣呢？

下屬會看上司的臉色，基於恐懼感而姑且照做，但長期下來，這樣的溝通方式對於建立信賴關係沒有幫助。

此外，下屬還可能會因此嚇得老是看上司的臉色，因爲上司易怒、很難對付而暫且聽話。

4 好和壞的責罵方式

以對方能理解的方式傳達

責罵這回事，永遠擺脫不了「該使用什麼措辭」的問題。實際上，近幾年我也收到非常多諮詢案件，都和責罵時如何避免構成職權騷擾有關。

責罵時必須加入兩項具體內容，一是「討論的核心主題」，二是「希望對方如何改進」。此外，還要選用對方聽得懂的詞彙並對事不對人，好讓他了解接下來該怎麼做，並自動自發採取行動。

好的責罵實例

【具體告知該如何改進】

若使用「妥善」、「徹底」、「提早」等抽象詞彙，對方採取的行動可能會和你的想像有落差，結果便是無法讓對方照你的意思去做，導致你自己更生氣。所謂的「具體告知」，例子有：

「你已經有經驗了，當你來找我商量時，不要只會說『我不會，請教我』。我希望你先自己思考，然後才向我提出你的想法，確認是否可行。」

如上所述，你可以像這樣讓對方理解自己的底線在哪裡（參見第四章圖表４－５）。

【解釋原因】

我先前提過，年輕族群有種傾向，是不知道原因的話就遲遲不會採取行動。因此，就連責罵的一方認爲理所當然的事，也必須說清楚「爲了什麼而做」和「爲什麼不得不做」。這點不僅限於年輕族群，若能有效令人理解，對方會更容易自動自發去做。

舉例來說，對於不會準時繳交文件的人，你可以說：

「我希望你遵守繳交期限，如果可能會遲交，最晚要在前一天向我報告。假如你遲交，負責統整的部門同仁，工作進度也會落後。」

又例如，當下屬在出問題時太晚才來報告，你可以說：

「發生任何問題時，請你在十分鐘內，以規定的方式向相關人士或我報告，要不然就會來不及因應，要花更多時間才能修復，會造成客戶的困擾。」

像這樣，同時告知「我爲什麼希望你這樣做」的原因，接受指示的一方會更了解，更容易叫得動。

當下屬問：「爲什麼非得這樣做？」「爲什麼我要改進這一點？」的時候，回答「這還用問嗎」或「這是常識」已經不管用了。

在現代，二十五歲上下的世代在被上司或老鳥提醒或責罵時，只要聽到一句「這是常識」就會失去幹勁，因爲他們聽到「這是常識」只會覺得被強迫。此外，還有人一旦被罵：「你都出社會了，遵守期限是理所當然的！」就會覺得對方彷彿在說自己是個不及格的社會人士。

至於責罵的一方，有些人會說：

「你千萬別給我犯錯，這會壞了我的前途！」

「規矩就是要遵守，高層很囉唆的！」

若像這樣拿只顧自身利益的事當理由，挨罵的一方會產生不信任感，心想：「眼前這個人只求自保才這樣罵我！」這些話會嚴重破壞信賴關係，嚴禁使用。

【相信對方】

責罵時當然要慎選用詞，但「相信對方」也很重要。

以「對方將會理解，願意改善」的心情來面對並相信他，更能傳達自己是認眞的。若不是打從心底相信對方，只想著「反正這傢伙怎麼勸都改不了」，這種心態將會透過語氣和態度彰顯出來。

壞的責罵實例

【責罵的標準隨心情改變】

我在第三章說明過，心情好時就放過，心情不好就責罵的話，對方只會認爲你今天心情不好，其他重點都傳達不出去，所以責罵的標準不能隨意改變。

【人身攻擊】

責罵時，只能針對對方的行爲和事實。

舉例來說，若對方光是這個月就遲到三次，或是發生問題卻不來報告，這些他有做或沒做的事情才是責罵的對象。

然而，若責罵進一步衍生成：

「你是白痴嗎？」

「你老是遲到，眞沒出息！」

「連報告都不會，你不適合做這一行！」

「你這個薪水小偷！」

像這樣否定對方的人格，甚至出言侮辱，就是人身攻擊。

有句話是對事不對人，請各位在責罵時將焦點放在他的行爲和事實上。

【在人前責罵】

不要爲了殺雞儆猴或聚衆圍剿而在人前罵人。

例如在會議或商討等周遭有人的場合說：「大家聽著，這傢伙又搞砸某件事情了！」

採取這種方式會嚴重傷害對方的自尊心，讓他對你很反感。

在這個時代，於ＬＩＮＥ群組或寄給多人的電子郵件中罵人也是個問題，最好不要在大家都能瀏覽內容的地方責罵，這樣做可能會涉及職權騷擾。

挨罵的一方會覺得自己在衆人面前出醜，有些人則會用「被公開處刑」來形容。還有人會因爲感到羞恥、自尊心受傷而沮喪。

而旁觀的人則會覺得不該在衆人面前這樣做，對做出這種行爲的領導人或上司產生不信任感，甚至猜想下一個被電的會不會是自己而萎靡。

【發洩情緒】

「你爲什麼老是替我找麻煩！」

「爲什麼一天到晚讓我操心！」

像這樣發洩自己的情緒並不好，不但無法讓對方採取符合己意的行動，還只會覺得「這個人現在很情緒化」、「好可怕」。

【用斷定或主觀臆測責罵】

「反正你就是不把我放在眼裡！」

「你根本不打算自己負起責任！」

「你本來就無心想做！」

上述這些例句，是以自己的主觀臆測來責罵對方。

「你每次都忘記向我報告！」

「你肯定會找藉口！」

「反正你百分之百會忘記！」

如此斷定也是禁忌。

對方會想要反駁「請不要說得這麼武斷」、「才沒有『每次』這回事！」，對你產生不信任感。

【翻舊帳】

「不只這次，你之前也發生過類似情況吧？那時候你也是這樣！」

有些人生氣時會像這樣翻舊帳，若換個說法：

「這個年度以來，你已經犯下兩次相同的失誤，現在勸告你是因為我希望你今後不再重蹈覆轍。」

像這樣確認過去曾發生的「事實」是無妨，但把過去的事情挖出來，強調對方從以前就多麼沒用只會造成反效果，讓人厭煩。比較好的做法是討論「今後該怎麼做」。

免。

【愈罵愈偏離重點】

原本因爲某件事情而開罵，但罵著罵著卻偏離重點，這也要避免。

舉例來說：

「我希望你遵守期限。啊，還有，你的辦公桌很亂，可見你都沒在整理！而且，你連上班時間都拖到最後一刻，此外……」

有沒有人會像這樣，責罵到一半就會開始偏離重點呢？

一次扯到太多事情會讓最重要的事傳達不出去，對方也會覺得實在受夠了。

如何使用「為什麼」一詞

很多人在責罵時都會用到「爲什麼」。我在講課時，經常有學員問：「爲什麼不能用『爲什麼』來質問人呢？」

我想，大家可能都會想要質問對方：

「你爲什麼總是犯下同樣的錯誤？」

「你爲什麼做出這種事？」

假如這個「爲什麼」的目的是要讓對方思考事情爲何會演變至此，那就是個有用的責罵法。例如：

「這個年度起，你已經連續三次不遵守期限了，可以告訴我爲什麼嗎？」

「你覺得事情爲什麼會變成這樣呢？」

如此發問，能引導對方說出答案。

然而，若只是用「爲什麼」來嚴格譴責和質問：

「你爲什麼不遵守期限？」

「你爲什麼要重蹈覆轍？」

「你爲什麼就是聽不懂？」

這樣一來，對方將會停止思考，爲了逃避而找藉口，或是不停地說「對不起」，甚至還有人會感到反彈。

請大家留意，當自己生氣或罵人時，是不是用了「爲什麼」來譴責他呢？

5 責罵時，雙方的信任關係很重要

若下屬信任主管，什麼話都能打動他

當上司和下屬之間已經建立了信賴關係，即使使用上述那些不好的責罵方式，挨罵的一方也不會覺得自己受到人身攻擊。因此，只做表面形式不太有意義，重點在於雙方是否建立了深厚的信賴關係。

舉例來說，餐廳裡偶爾會有那種老頑固店長，經常在工作中以「你這混帳在搞什麼！」「你連這種小事都不會嗎？」來斥責員工，

但打烊後卻對員工說「路上小心」，揮手目送直到看不見員工的背影爲止。員工都知道店長其實是刀子口豆腐心，即使經常挨罵也不會因此辭職。

要是在營業中遇到突襲檢查，這種責罵方式會被認定爲職權騷擾，但實際上該職場的員工們都工作得很愉快，因爲他們知道店長是爲自己著想才責罵，其實店長很疼愛自己。假如雙方之間的信賴關係如此深厚，即使當著大家的面責罵也沒有問題。

在人前責罵也無妨的時機

在照顧新進員工的負責人和新進員工之間也有類似的情況。當一群新進員工當中有人粗心大意、遲到或遲交東西，這些不只是當事人的問題，爲了讓所有人都留意，負責人會刻意在眾人面前責罵。這樣一來，每位員工都會了解到「這不是針對個人，而是針對所有人」。

此外，若負責人和新進員工之間已經建立信賴關係，除了挨罵的當事人之外，在場的所有人都會反省自己是否有些粗心大意，進而意識到要做到負責人希望的舉止。

若要在人前責罵，有個地方要留意，那就是開始責罵前要明說：「這不僅是挨罵者一個人的問題，和所有成員都有關係，責罵是針對所有人。」責罵時，眼神也不只看著特定一個人，而是看著在場的所有人。

「這不只是○○個人的問題，所有人都有可能發生，希望大家留意以後別再發生這樣的事，所以我才刻意在大家都在時公開說。」在責罵之前，先開宗明義這麼說吧！

建立在信任關係上的責罵法

若上司平時就會照顧下屬，傾聽下屬商量事情，雙方之間是互相信賴的交情，當下屬意會到自己讓上司生氣了，甚至氣到這種程度，即使上司不多說什麼，下屬也會繃緊神經。

這是因爲雙方之間有著信賴關係，挨罵的一方尊敬發怒的一方，會將挨罵這回事解讀成「他是爲了我好才會氣成這樣」。

相反地，即使話說得很好聽，但若彼此的關係不佳，即使罵了也無法打動對方，只會讓他覺得「你沒資格說我」。

責罵的話和不中聽的意見回饋，內容要怎麼說雖然很重要，但由誰來說也非常重要。

舉例來說，即使上司爲了不構成職權騷擾，在用字遣詞上很小心，但若上司心裡其實不願意和下屬扯上關係，不關心下屬，只想著自保的話，下屬也都會把這種態度看在眼裡。

有時候，三明治主管會刻意罵下屬給自己的上司看，就這種情況而言，即使用字遣詞沒問題，下屬也只會對三明治主管產生不信任感。

有些責罵方式要建立在信賴關係的基礎上才行得通。

要意識到平常的責罵方式

我在研習課程上，會請來聽課的各位主管寫出自己平時用來罵下屬的用詞。

其中會有些人寫不出來，因爲他們平時雖然會罵人，但不記得自己罵了什麼，這是因爲他們不太會意識到要用什麼話語表達。

有些人雖然寫得出來，但內容都是些「你這混帳」、「別鬧了」、「王八蛋」等字眼。很多人都是寫了之後，才察覺自己罵人時只說了這些，或是自己平時原來會選擇這種用詞。我去某地講課時，甚至有人寫了「你欠揍嗎」這種話。

責罵時，讓對方改變行爲或意識是一大重點，但不少人在責罵時都沒有意識到要使用能傳達這重點的用詞。

在和下屬一對一面談，而且不得不責罵對方時，有些領導人會事先做筆記，寫下對方能聽懂的用詞，並且在面談時將寫好的筆記放在手邊，避免自己說話偏離重點。

這樣做，就能簡單說出想傳達的話，也不會偏離重點。若你覺得自己不擅長責罵人，這是個很推薦的方法。

6　不可以搞錯責罵的目的

我在某家ＩＴ企業替主管們主講研習課程時，有九成學員是四、五十歲男性，其中有一位很生氣地說：「我們公司的新進員工很沒常識。」

我追問之下，他說：「新進員工居然不看日經新聞，很沒常識。」

該名男主管隸屬於業務部門，有新進員工為了和客戶的窗口打開話匣子而來找主管商量，主管便建議他：

「你要多看日經新聞，尋找和對方業界有關的話題，藉此和對方聊開。」

然而，新進員工卻呆住了，這位主管心想最近的年輕人大概不看報紙，就建議他上網瀏覽，但新進員工還是沒有反應。進一步追究之下，新進員工才問：「什麼是日經新聞？」

原來新進員工並不知道日經新聞的存在，這件事對那位主管來說太扯了，便怒不可遏地大罵：

「一般人在出社會之前都會看日經新聞！」

然後，他又更加火大地說教：

「你為什麼在出社會之前就不看日經新聞？這未免太扯了吧！找工作的時候至少會看吧？而且你居然連日經新聞都沒聽過，這算什麼？」

不僅如此，這位主管還對人事部門抱怨：

「不准把這麼沒常識的新人分派到業務部來！」

「在面試求職者的時候，就要先問對方看不看報紙！」

除此之外，那位男主管還很驕傲地對我說他是怎麼罵了那個新人。

在這個案例中，我首先問那位主管：「你原本的目標是什麼？」答案當然不是爲了對新人說教或大罵人事部門的職員。既然原本的目的是要讓新人去拜訪客戶時能夠暢談甚歡，那麼男主管的行爲就搞錯目的了。

爲了讓新人閱讀日經新聞，必須採用的對策是指導他如何註冊APP，以及該從日經新聞的哪裡開始讀起，還有該如何和客戶窗口聊起那些話題。

遇到有人連自己心目中的常識都不懂時，有很多人會錯失原本的目的，採取錯誤的行動，希望大家留意。

7 重新審視責罵的壞習慣

察覺下意識的習慣是第一要務

我在研習課程中，會讓學員進行責罵下屬的角色扮演。這時，有些人會下意識雙手抱胸，這個動作會讓下屬有壓迫感，最好別這樣做。

此外，還有人會眉頭緊皺或拍桌，後者是最糟糕的壞習慣，同樣會下意識出現。

在講課時，我會請第三者指出這些下意識的壞習慣，讓當事人察覺自己會做出這種威嚇人或令人萎靡的行爲。

由於是下意識的行爲，很多人起初都沒有自覺。

當學員們在課堂上進行角色扮演，若給他們一些意見回饋，例如：

「說『爲什麼這樣』會給人質問的感覺。」

「你剛才說『每次』，但並非如此。」

學員們聽了會反問：

「咦？我剛才有說『爲什麼嗎』？」

「我剛才有說『每次』嗎？」

由此可見，下意識的行爲就是這麼根深蒂固。

但是，一旦有了自覺，要改變也很快。當你察覺自己罵人的壞習慣時，就要有意識地改正。

不過，一時之間要改變長年以來的習慣很耗費勞力，所以請先從小細節開始做起，一個一個慢慢改變。據說，一個人要養成新習慣需要二十一天，只要反覆三週左右，能意識到自己有所改變了就好。

檢視責罵時的心態

現在這時代已經不是講究技巧，而是重視內心態度。

即使學會責罵的技巧，但對待別人的心態仍然會大大影響溝通的結果，因此請不要強迫別人接受自己的價值觀，而是要抱著「我是希望你這麼做，希望你了解這些事才責罵你」的心態來面對對方。

即使你罵得很好聽，但要是讓人覺得你只是在強推自己的價值觀就沒有意義。在傳達那些事情時，說話者是抱著什麼心情和態度，聽話者都感受得到。

「我要制服他！」「我要掌控對方！」「我才是對的！」一旦這麼想，即使說好聽話也打動不了人。

別將對方逼入絕境

近幾年，職權騷擾不只有情緒化飆罵「你在搞什麼鬼」這種一目了然的形式，還有很多是用講道理將人逼入絕境。

以不遵守期限爲例：

「你老是不遵守期限，在這之前也發生過吧？你上次也道歉了，卻還是再犯了。說到底，這種事是身爲社會人士最基本的規範吧？你知道我的意思嗎？」

像這樣，不是激烈地發洩情緒，而是一點一點地將對方逼進死路。

更嚴重的案例是：

「你搞出這種事，還沒有自覺嗎？你對工作的態度有問題吧？說到底，你爲什麼選了這項工作？你應該沒有資格從事這一行吧？」

用這種說話方式，堵住對方的去路。

被人用大道理逼到盡頭的那一方會停止思考，爲了逃離而不斷找藉口，或者是嘴上拼命道歉但不是發自眞心，心裡甚至還會反彈。

「用大道理來駁倒對方，證明對方是錯誤的」並不是原本的目的。

8 責罵難纏下屬的要訣

動不動就說「這是職權騷擾」的下屬

我在167頁提過，當主管說了不中聽的話，或是交付不想做的工作，有員工會說「這是職權騷擾」，令人感到棘手。我經常收到這樣的諮詢。

在那些員工中，似乎有人將職權騷擾當作擋箭牌，用來迴避自己不願意做的職務。

我的建議是，面對這種下屬或後輩，要讓他理解「職權騷擾」一詞眞正的意思，以及他身爲團隊成員該做到什麼。

曾經有一位三十多歲主管來向我諮詢：

「由於客戶委託了急件，我請進公司第二年的下屬留下來加班，結果他卻說我是職權騷擾，讓我不敢再多說什麼。事後我湧現怒氣，對不敢對下屬多說些什麼的自己感到不耐。」

假如是不得已要加班，不妨對下屬這麼說：

「我們是一個工作團隊，只要是客戶的請求，我們都必須做到。既然如此，我們的目標就不是在此爲了職權騷擾爭論，而是在和客戶約好的期限內交件。我希望你明白，爲了達成目標，就要多少讓步。」

當下屬反應過度，濫用職權騷擾一詞，主管在因應時也要切記不反應過度。

不斷犯錯，讓人不知如何指導的下屬

前陣子，一位主管問我：

「下屬中有人多次重複同樣的失誤，讓我不知道該怎麼指導才好。」

這位主管想要減少分配給年輕下屬的工作量，他判斷下屬已經無法再承接超出能力的職務，就只分派能力範圍內的工作給他。然而，這位主管的上司卻說：「栽培下屬是你的職責吧？」讓這位主管夾在中間進退兩難。

在我看來，假如繼續委託那名下屬，結果將會是主管要幫他擦屁股，進而背負壓力，不僅會給旁人惹麻煩，要輔助他也很辛苦。因此，我便回答：「你只能直接和上司談了。」

這位主管以前聽上司說：「換你當別人的主管時，你就要自立自強。」所以他深信上司的意見肯定不會錯。於是，我便建議他：「你不妨將自己和團隊都疲憊不堪，下屬本人也快要崩潰的實際情況告訴高層。」

即使反覆出錯的員工只有一個，還是會影響其他成員，感到困擾的其他成員也會對出錯的人產生不滿。因此，這種案例其實很嚴重，雖然大家的目光都放在對下屬的職權騷擾，但往後還是需要協助主管。

許多會頻頻出錯的員工，往往都無法靠團隊自己解決。當中或許也有罹患精神疾病、發展障礙或在臨界邊緣的人，所以要讓高層了解有這種情況，讓他們一同參與才能解決。

在檢討管理上的問題時，不要單方面認爲上司有錯，也要分辨下屬的行爲是否有問題，在這個前提下思考該如何解決。

不要自己一個人煩惱，最好請周遭的人幫忙，大家一起想辦法。

提醒無數次仍未改善，該如何因應？

責罵的一方也是人，很難永遠保持平靜，念了下屬好幾次之後，也會覺得很像在說教吧？要帶著平常心重複叮嚀很多次，只有機器人才辦得到。

如果多次提醒之後，下屬還是沒有改善，就必須想想其他方法。但並不是光靠憤怒管理就能解決一切的事。在責罵這方面，很多人都很煩惱，光做表面形式只是在粉飾太平而已。

雖然要視情況而定，但若用盡方法都無效，判斷「不能再交付給這個人了」、「會造成團隊很大的損失」，最好考慮更換當事人在工作上的職務，甚至把他調離現在的職位。

假如直屬主管自己來說勸說後沒有用，請別人來說也是個有效的方法。

若你是課長，不妨和部長商量，請階級高一等的人來勸說。說到底，人際關係中常有「我不聽這個人說話」的情況，或是聽膩了就裝死，抱著「反正他會原諒我」的心態而不改善。這時，請其他人來勸說也是個方法。

除此之外，還有面談這個方法。你可以告訴下屬：

「這很重要，若你不改善的話，我們必須要討論今後該如何把工作交付給你，也想聽聽你的想法。」

這樣一來，想必得另外撥時間面談，讓對方察覺事情比他想像的更嚴重。

「能不能借用你一小時或半小時？我有重要的事情要和你討論。」面談能讓對方察覺情況重大。

在主管階級中，個性認眞的人會爲了和這種下屬溝通而感到憂鬱，甚至崩潰。但是，也有人會理直氣壯地說：「我的言行哪裡算是職權騷擾了？」

現在擔任管理職位的人，年輕時一路被上司怒罵過來，但當他們成了別人的上司，卻被禁止職權騷擾。

因此，有人會感到困惑，不知道該怎麼做才好，還有人覺得：「我過去都是靠挨罵才獲得現在的地位，是現在的年輕人太草莓了！」

從企業的角度來看，在善良風俗這方面，沒道理放著職權騷擾者不管。我經常替犯下職權騷擾者實施研習課程，我覺得這些人也會因爲因應方式不同而改變。

這意味著，妥善應變有多麼重要。

在意的事大可提出

以下是某位三十出頭女性上班族的故事。

「有個女性新人不會自己研究，無論什麼事都要來問我。有些事明明看手冊就知道了，我其實很希望她先翻手冊再來問我，但我也不想只因爲這種小事就頻頻碎碎念，怕人家覺得我很龜毛。但我也發現，自己明明已經被問得很煩了，卻還是有問必答。」

若不在意是無妨，但長期累積下來，就會很想要責罵對方：「爲什麼不懂？一般來說都會這樣做吧？」既然最後會演變成開始討厭對方，不如別把那些事當成小事。

有些事情看在人們眼中是雞毛蒜皮，但對自己來說卻很在意，這時最好說出來。以上述這個案例來說，可以告訴對方：

「你先看手冊，有不懂的地方再來問我。自己研究比較容易學起來，所以要善用手冊。」並教她如何查閱手冊。

不要管別人怎麼看，誠實面對自己的想法很重要。如同我在第四章提過的，若在心中明確劃下責罵與不責罵的界線，和人溝通時就不會壓力那麼大了。

別在自己心裡愈想愈氣

有時候，一件小事會形成很大的怒氣，甚至討厭對方整個人。一位五十歲上下的男性告訴我：

「我很討厭某個二十多歲下屬，雖然我是他的上司，但與其說我不擅長和他相處，不如說我就是討厭他。」

我試著解開這位男性討厭下屬的原因，最後得知是因爲下屬在他交付的事情上犯了三、四次相同的錯，不遵守期限又叫不動，和自己的價值觀不同等等。

像這種提醒後仍然多次犯錯的情況，讓人煩到連說都懶得說，最終就會演變成討厭當事人，這種事其實不少見。

「討厭當事人本身」的這種情緒，是本人自己讓它變大的。

這時，請不要把一切都用「討厭」來概括，而是回想究竟是什麼原因導致到這步田地。這樣一來，就會明白很多原因都是剛才說的

「多次犯錯」這種小事。

明白之後，就把注意力放在「在工作上多次犯錯」和「講不聽」這些核心問題上。

以「講不聽」為例，請專注在「他的做事方法好不好」上面。若做不到這一點，就會開始討厭對方的一切。

假如對方有些事做得還不錯，或是有按照你的吩咐去做，就整理出來列成清單。

要是不這麼做的話，壓力就會過大，和對方的關係也會變得扭曲。請你親自回想看看，究竟是什麼原因發展成現在的怒氣。

下屬犯下大錯時的責罵法

不得不責罵時，也有分輕微和嚴重的情況。

舉例來說，當下屬所犯的錯誤嚴重到關乎公司的信用問題時，如果他本人也覺得很過意不去，就沒必要特別多說什麼，但是當下屬對於犯錯這回事沒有足夠的自覺，就必須責罵。

那麼，如果當事人犯錯後沒有改善，再這樣下去又會出大包的話，該怎麼責罵才好呢？

首先，你可以說：「我希望你了解，若無法履行和客戶的約定並報告，就是背叛客戶的期待，會給他們惹麻煩。這種事不只會影響你，還嚴重到會讓整個團隊失去信賴。」

「這不是你自己一個人的問題，我希望你了解，這樣會影響到我們公司過去和客戶之間培養起來的信賴關係，希望你有身爲團隊成員的自覺。」

接著，面對欠缺自覺的下屬，則是要明確地說：

「假如對客戶的道歉和安撫做得不足，可能會顯得我們不將客戶當一回事。」

不過，這時請不要擅自斷定「你不把客戶當一回事」。

若你希望下屬深切了解他的行爲會造成多大的影響，就要加入具體的數字：

「這次出包若換算成金額，相當於八百萬到一千萬圓左右的虧損。」

「若今後這家公司不再與我們續約，我們一年將會損失兩千萬圓，這可不是靠其他工作能輕易彌補的。」

有時候，用抽象的敘述會完全無法傳達，所以事態嚴重時最好要告訴對方「你犯錯造成多大的影響」、「會有什麼後果」、「要挽回需要耗費多大的勞力」。例如：

「請你想像一下，若影響到和客戶的生意，一年五千萬圓的利潤就這麼不見了！」

「你犯的錯，將會導致我們和客戶之間維持多年的信賴關係瞬間消失！」

如上所述，有時候也必須說得這麼明確才行。

在上班時間內做不完的差事或遲到這種事，對每個人來說重要度大概見仁見智，但要是出大包會造成公司虧損，或是犯錯的當事人完全沒有自覺的話，那又是另一回事了。說出具體的數字比較容易讓他留下記憶，也更容易產生自己引發嚴重問題的自覺。

另外，出包的當事人也可能會完全忘記這回事，然而當他犯的錯愈大，背後就有人必須替他收拾殘局。

「若要挽回你犯的錯，業務部門的同仁要花費這麼多力氣！」

有時候，就是要說出這些事實，對方才會懂。

如何面對缺乏想像力的人

「爲什麼要講得這麼白他才懂？一般來說，這些都是想像得到的事吧？」

這也是我曾經收到的諮詢內容。

有些人經驗不足，尤其是不清楚每一件小職務全部串連起來會如何，也不知道一件工作是如何長期做出成果的人，往往無法想像不做A的話就不能接著做B，要有A和B才能接著做C。

有想像力的人，就算不特別交代他也能察知，叮嚀時也只要說「前一天才做會來不及，考量到後面的流程，至少要保留三天的空檔」，對方就會明白。

然而，這對缺乏想像力的人而言不管用，必須把他當成中學生般，將各個細節都說明清楚。這不就是管理階層和下屬之間的問題所在嗎？

當下屬經驗太淺，就無法發揮想像力。要是不把話明白地說「你的工作和這個有關，甚至會影響到那個」，他就不懂。

有時候，有些事二十多歲的新人會懂，但我聽說現在就連即將奔四或四十多歲的人也缺乏這種想像力。

我想，就連那些「不必說也應該知道吧」的部份，也必須傳達才行。而且只說一次可能還不夠，要以必須解釋好幾次爲前提。

尤其是對於缺乏想像力的人，連背景都必須詳細說明，要讓他有「做了這件事，會有什麼影響」的概念。

「不說到那種程度就不懂嗎？」這樣只會令自己忍不住生氣，徒增壓力而已。

做好「要解釋到這種程度，對方才會懂」的心理準備，說不定會更有建設性。

本章重點

☑ **責罵的目的是**
- 讓對方成長，改善行為
- 給他挽回的機會

☑ **促使對方改善的適當責罵法**
- 以「我希望你接下來這樣做」來具體說出自己的要求
- 以「我為什麼希望你這樣做」來告知原因，提高說服力

☑ **不好的責罵方式**
- 看心情改變責罵基準
- 人身攻擊
- 翻舊帳

☑ **責罵前要知道的事**
- 平時的信賴關係影響很大
- 若缺乏信賴關係，就無法打動對方
- 「說什麼」與「誰來說」都很重要
- 相信對方會懂
- 不強推自己的價值觀

☑ **若用大道理來逼迫對方**
- 對方會停止思考
- 會為了逃離而找藉口
- 內心會反彈

後記

感謝你讀完這本書。

很多人告訴我，他們學習憤怒管理之後，不但學會處理自己的情緒，和下屬與上司之間的溝通也大大改善，甚至還升官晉級，和家人的感情也變好了。

和人打交道絕對不是一件輕鬆的事。

和上個時代比起來，現在這個年代要說動人不是變得更困難了嗎？我們有時要和言行超乎想像的年輕人對峙，有時要追求效率和小心職權騷擾，甚至還要和高層建立良好的關係。

尤其是管理階層，要做的事情實在太多，眞的很辛苦。

然而，正因爲這是個壓力社會，我才更希望大家不要被怒氣耍著玩。

在撰寫這本書時，我受到許多人關照。

日本經濟新聞出版社的細谷和彥先生邀請我：「戶田小姐每天都在舉行研習課程，有些事唯有你才能爲第一線的職員寫出來。」眞的非常感謝您。

製作這本書時，silas consulting股份有限公司的星野友繪小姐是我的好夥伴，感謝您這次的協助。

日本憤怒管理協會理事長安藤俊介先生是憤怒管理的首席專家，他懷抱著「切斷憤怒的連鎖」的理念不斷奔走，我打從心底感謝他。

最後，還有讓我有環境得以專心寫書的丈夫，以及正在社會上打滾努力的兒子，由衷感謝你們。

二〇二〇年三月

戶田久實

作者簡介：戶田久實（Toda Kumi）

現任Adot communication股份有限公司社長。一般社團法人日本憤怒管理協會理事。

畢業於立教大學，任職於大型企業後，轉換跑道成爲研習課程講師。曾爲銀行、保險、製藥、電信與貿易等大型民間企業及政府機關舉辦研習課程與演講活動，爲新進員工、主管與高階幹部傳授「暢達的溝通術」，對象廣泛。

從事講師一職已有30年。以「憤怒管理」、「坦誠溝通」及「阿德勒心理學」爲基礎，傳授「用字遣詞」的溝通術，博得好評。截至目前，學員累計多達22萬人，近幾年更參與大型媒體主辦的論壇，受邀上電視與廣播節目，更加活躍。

著有《生氣時，還可以從容表達的人才厲害》（方智出版）、《阿德勒教你如何說話被喜歡》（大樂文化）、《職業婦女的品格》（暫譯）、《超好懂商業入門情緒管理》（台灣東販）等。

國家圖書館出版品預行編目資料

憤怒管理：人際管理三部曲. 1, 學習如何適當發怒,與因應他人發怒的技巧 = Anger management / 戶田久實著；伊之文譯. -- 初版. -- 臺中市：晨星出版有限公司, 2024.10
面；公分. —（勁草生活；553）
譯自：アンガーマネジメント
ISBN 978-626-320-911-4（平裝）
1.CST: 憤怒 2.CST: 情緒管理 3.CST: 人際關係

176.56　　113011037

勁草生活 553

憤怒管理（人際管理三部曲（1））：

學習如何適當發怒，與因應他人發怒的技巧

アンガーマネジメント

作者 戶田久實
譯者 伊之文
編輯 許宸碩
校對 許宸碩、伊之文
封面設計 初雨有限公司（Ivy_design）
美術設計 曾麗香

創辦人 陳銘民
發行所 晨星出版有限公司
407 台中市西屯區工業 30 路 1 號 1 樓
TEL：（04）23595820
FAX：（04）23550581
https://star.morningstar.com.tw
行政院新聞局局版台業字第 2500 號
法律顧問 陳思成律師
出版日期 西元 2024 年 10 月 15 日　初版 1 刷

歡迎掃描 QR CODE
填線上回函

讀者服務專線 TEL：（02）23672044 /（04）23595819#212
FAX：（02）23635741 /（04）23595493
service @morningstar.com.tw
網路書店 https://www.morningstar.com.tw
郵政劃撥 15060393（知己圖書股份有限公司）
印刷 上好印刷股份有限公司

定價 350 元
ISBN 978-626-320-911-4